中国特色高水平高职学校和专业建设计划建设成果
浙江省高职院校重点暨优质校建设成果
浙江省高校"十三五"优势专业投资与理财专业建设成果
浙江省普通高校"十三五"新形态教材项目
《投资理财综合技能》课程系列教材

U0596123

股票投资

STOCK INVESTMENT

主　编　周邦瑶　张润禾

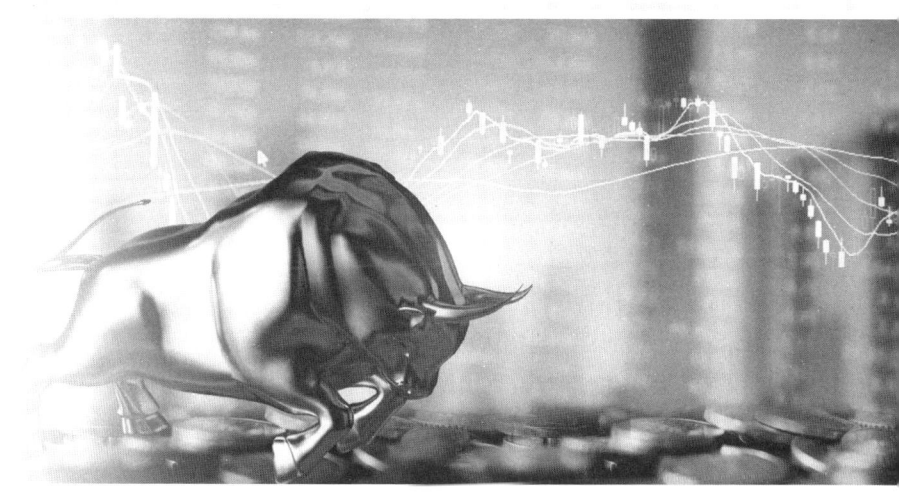

ZHEJIANG UNIVERSITY PRESS
浙江大学出版社

图书在版编目（CIP）数据

股票投资 / 周邦瑶，张润禾主编. -- 杭州：浙江大学出版社，
2021.4
ISBN 978-7-308-20690-7

Ⅰ．①股… Ⅱ．①周… ②张… Ⅲ．①股票投资－教材 Ⅳ．
①F830.91

中国版本图书馆CIP数据核字(2020)第204485号

股票投资

周邦瑶　张润禾　主编

责任编辑	赵　静	
责任校对	董雯兰	
封面设计	林智广告	
出版发行	浙江大学出版社	
	（杭州市天目山路148号　　邮政编码　310007）	
	（网址：http://www.zjupress.com）	
排　　版	杭州林智广告有限公司	
印　　刷	杭州良诸印刷有限公司	
开　　本	787mm×1092mm　1/16	
印　　张	8.25	
字　　数	210千	
版 印 次	2021年4月第1版　2021年4月第1次印刷	
书　　号	ISBN 978-7-308-20690-7	
定　　价	28.00元	

目 录

Contents

实训一

认识股票

► **实训目的**

了解股票的概念、特征、分类、红利、IPO 等基础知识。

► **实训内容**

案例 1：

美国"股神"巴菲特执掌的伯克希尔公司曾经投资 50 亿美元购买 5 万份美国银行累积优先股，每股清算价值 10 万美元，共计 50 亿美元，年利息 6%，按季度平均分期付款，并可在任意时点以 5% 的溢价赎回。此消息公开后，美国银行股价在开盘后一度上涨 20%，并带动美国股市全线高开。

请分析：美国银行向巴菲特出售优先股而获得了 50 亿美元的注资，相比普通股而言，发行优先股对美国银行来说有何种优势？

案例 2：

图 1-1 为中国建设银行 2020 年三季度前十大流通股股东，请分析其股东结构。

建设银行	最新动态	公司资料	股东研究	经营分析	股本结构	资本运作
融融資粉 601939	新闻公告	概念题材	主力持仓	财务概况	分红融资	公司大事
		股东人数	十大流通股东	十大股东	控股层级关系	

2020-09-30	2020-06-30	2020-03-31	2019-12-31	2019-0

前十大股东累计持有：2433.85亿股，累计占总股本比：97.35%，较2020-06-30减少7364.68万股

机构或基金名称	持有数量(股)	持股变化(股)	占总股本比例	实际增减持	股份类型
中央汇金投资有限责任公司	1427.86亿	不变	57.11%	不变	流通A股,流通H股
香港中央结算(代理人)有限公司	921.95亿	↑1051.04万	36.88%	↑0.01%	流通H股
中国证券金融股份有限公司	21.89亿	不变	0.88%	不变	流通A股
中国宝武钢铁集团有限公司	20.00亿	不变	0.80%	不变	流通H股
国家电网有限公司	16.11亿	不变	0.64%	不变	流通H股
益嘉投资有限责任公司	8.56亿	不变	0.34%	不变	流通H股
中国长江电力股份有限公司	6.49亿	不变	0.26%	不变	流通H股
中央汇金资产管理有限责任公司	4.97亿	不变	0.20%	不变	流通A股
香港中央结算有限公司	4.33亿	↓8415.72万	0.17%	↓-16.28%	流通A股

图 1-1　中国建设银行 2020 年三季度前十大流通股股东

一、股票的含义和起源

股票是一种有价证券，它是股份有限公司签发的证明股东所持股份的凭证。股份有限公司的资本划分为股份，每一股金额相等。它是一种所有权凭证。

股票起源于 400 多年前荷兰东印度公司（Dutch East India Compamy）。当时，该公司经营航海贸易，由于航海需要大量资金且风险较大，单个投资者无法承担，因此每次出海前，向众多投资者集资，顺利返航后将各人的出资以及该航次的利润交还给出资者。1613年起，该公司改为四航次才派一次利润，将资本留在公司内长期使用，从而产生了普通股份制度，相应地形成了普通股股票。

最早也是最初级的股份有限公司出现于 16 世纪欧洲的采矿业和冶炼业。这些行业往往需要很大的投资，因此一般都为大资本集团所控制，尤其是庞大的家族公司，德意志的富格尔家族就是一个典型。为了对抗和摆脱这些大资本集团，众多中小资本所有者通过股票（最初是股份证）的形式来集中资本、组建股份有限公司，这种民间分散经济实体的联合也得到了部分国家的支持。但那时，这样的股份有限公司不仅数量少，而且规模也不大。

> **知识链接**

17世纪初，股票交易所首先出现在荷兰的阿姆斯特丹，东印度公司和西印度公司的股票是最早的交易对象。不久，国家发行的有价证券也成为交易所买卖的对象。1688年，伦敦证券交易所正式成立。到17世纪90年代，还出现了登载主要股票价格的商业刊物——《管理和贸易技巧集锦》和《交换过程及其他》。那时的证券交易已经和现代证券交易非常接近。不仅存在买方和卖方之间的直接股票转让，而且还存在通过证券经纪人进行的间接转让；当时还产生了期货交易，各种现代交易所的经营技术也很快完善了起来，同时还出现了一小撮职业投机家。

二、股票的特征

股票有以下五个方面特征。

（1）收益性。它是股票的基本特征，是指股票可以为持有人带来收益的特性。持有股票的目的在于获取收益。

（2）风险性。是指持有股票可能产生经济利益损失的特性。股票的价格会随着公司的盈利水平、市场利率、宏观经济状况、政治局势等各种因素的影响而变化。如果股价下跌，股票持有人会因股票贬值而蒙受损失。股价与收益呈正相关关系。

（3）流动性。是指股票可以在证券交易所上市交易或在其他交易场所转让的特性，体现了股票的变现能力。

（4）永久性。是指股票所载有权利的有效性是始终不变的。

（5）参与性。是指股票持有人有权参与公司重大决策的特性。

三、股票的主要类型

股票实质上代表了股东对股份有限公司的所有权，股东凭借股票可以获得公司的股息和红利，参加股东大会并行使自己的权利，同时也承担相应的责任与风险。目前按照不同的分类方式，股票可以分为多种类型。

（一）按权利分：普通股与优先股

普通股是最基本、最常见的一种股票，其持有者享有股东的基本权利和义务。普通股的股利完全随公司盈利水平的高低而变化，因而普通股风险也较大。

优先股的主要特征有：一是优先股通常预先定明股息收益率。由于优先股股息收益率事先固定，所以优先股的股息一般不会根据公司经营情况而增减，而且一般也不能参与公司的分红，但优先股可以先于普通股获得股息，对公司来说，由于股息固定，它不影响公司的利润分配。二是优先股的权利范围较小。优先股股东一般没有选举权和被选举权，对股份有限公司的重大经营无投票权，但在某些情况下可以享有投票权。

如果公司股东大会需要讨论与优先股有关的索偿权，那么优先股的索偿权要先于普通股，而次于债权人。优先股的优先权主要表现在两个方面：（1）股息领取优先权。股份有限公司分派股息的顺序是优先股在前，普通股在后。股份有限公司不论其盈利多少，只要股东大会决定分派股息，优先股就可按照事先确定的股息收益率领取股息，即使普通股减少或没有股息，优先股也应照常分派股息。（2）剩余资产分配优先权。股份有限公司在解散、破产清算时，优先股具有公司剩余资产的分配优先权，不过，优先股的分配优先权在债权人之后，而在普通股之前。只有还清公司债权人债务之后，有剩余资产时，优先股才具有剩余资产的分配权。而普通股只有在优先股索偿之后，才参与分配。

需要说明的是优先股股东的表决权受到限制。除特殊情况外，优先股股东不出席股东大会，所持股份没有表决权。但是公司累计3个会计年度或连续2个会计年度未按约定支付优先股股息的，优先股股东有权出席股东大会，每股优先股股份享有公司章程规定的表决权。

优先股案例（见表1-1，1-2，1-3）

表1-1 上海证券交易所优先股列表

简称	上市／挂牌日期	简称	上市／挂牌日期	简称	上市／挂牌日期
民生优1	2019年11月08日	中信优1	2016年11月21日	中原优1	2015年08月10日
工行优2	2019年10月16日	交行优1	2016年09月29日	光大优1	2015年07月21日
中行优4	2019年09月17日	南银优2	2016年09月26日	兴业优2	2015年07月17日
光大优3	2019年08月05日	光大优2	2016年08月26日	中行优2	2015年03月31日
中行优3	2019年07月17日	北银优2	2016年08月26日	浦发优2	2015年03月26日
兴业优3	2019年04月26日	华夏优1	2016年04月20日	农行优2	2015年03月27日
贵银优1	2018年12月12日	南银优1	2016年01月11日	中建优1	2015年03月20日
建行优1	2018年01月15日	北银优1	2016年01月04日	康美优1	2014年12月30日
上银优1	2018年01月12日	工行优1	2015年12月11日	兴业优1	2014年12月19日
招银优1	2018年01月12日	中交优2	2015年11月06日	浦发优1	2014年12月18日
杭银优1	2018年01月04日	电建优1	2015年10月26日	中行优1	2014年12月08日
苏银优1	2017年12月21日	中交优1	2015年09月22日	农行优1	2014年11月28日

查看上交所最新优先股及交易情况   查看深交所优先股交易情况

表 1-2　民生银行（600016）优先股具体信息

公司简称	民生银行	发行日期	2019 年 10 月 15 日
优先股代码	360037	上市 / 挂牌日期	2019 年 11 月 08 日
优先股简称	民生优 1	每股面值（单位：元）	100
发行人全称	中国民生银行股份有限公司	初始票面股息率	4.38%
发行人公司代码	600016	股息类型	浮动
发行方式	非公开	每年股息支付次数	1
发行价格（单位：元）	100	股东大会是否有权取消股息支付	是
发行数量（单位：万股）	20000	是否可赎回	是
股息是否可累积	否	是否有权参与剩余利润分配	否
是否可回售	否	是否可转换为普通股	是

表 1-3　上海证券交易所优先股成交部分信息

交易日期	证券代码	证券简称	成交价/元	成交金额/万元	成交量/万股	买入营业部	卖出营业部
2020-01-15	360020	华夏优 1	103.54	10354	100	机构专用	中信证券股份有限公司总部（非营业场所）
2020-01-07	360034	光大优 3	102.29	920.61	9	中银国际证券股份有限公司北京宣外大街证券营业部	机构专用
2020-01-06	360030	建行优 1	100.16	10016	100	中银国际证券股份有限公司北京宣外大街证券营业部	机构专用

（二）按照投资主体分：国家股、法人股、社会公众股

国家股，是指有权代表国家投资的部门或机构以国有资产向公司投资形成的股份。目前在我国，中央汇金投资有限责任公司是由国务院授权，代表国家依法对国有重点金融企业行使出资人权利和履行出资人义务的国有独资公司，由它投资所形成的股份为国家股。

法人股，是指企业法人或具有法人资格的事业单位和社会团体以其依法可经营的资产向公司非上市流通股权部分投资所形成的股份。目前，在我国上市公司的股权结构中，法人股平均占 20% 左右。根据法人股认购的对象，可将法人股进一步分为境内发起法人股、外资法人股和募集法人股三个部分。

社会公众股，是指我国境内个人和机构，以其合法财产向公司可上市流通股权部分投资所形成的股份。

我国国家股和法人股目前还不能上市交易。国家股东和法人股东要转让股权，可以在法律许可的范围内，经证券主管部门批准，与合格机构投资者签订转让协议，一次性完成大宗股权的转移。

（三）按股票上市地点分：A 股、B 股、H 股、N 股、S 股

A 股的正式名称是人民币普通股票，它是由我国境内（不包含港、澳、台）的公司发行，供境内投资者以人民币认购和交易的普通股票。

B 股的正式名称是人民币特种股票。它是以人民币标明面值，以外币认购和买卖，在中国境内（上海、深圳）证券交易所上市的外资股。B 股公司的注册地和上市地都在境内。

H 股，即注册地在内地、上市地在香港的外资股。香港的英文是 Hong Kong，取其字首，在香港上市外资股就叫作 H 股。（如图 1–2）

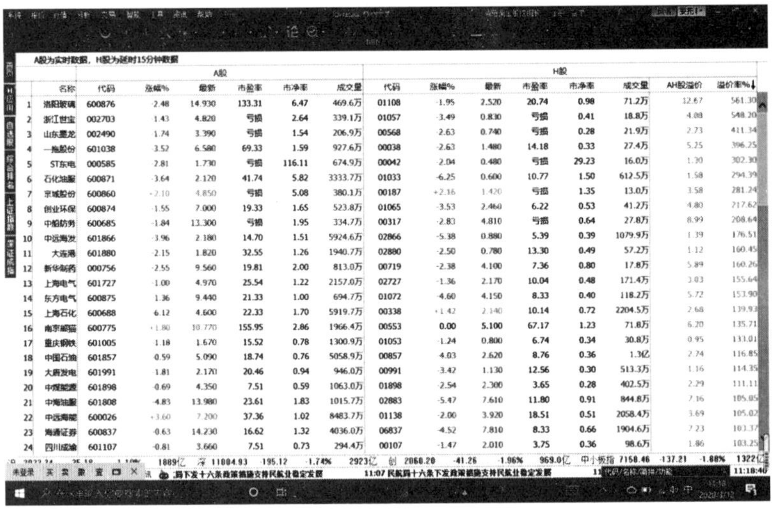

A股为实时数据，H股为延时15分钟数据

		A股						H股							
	名称	代码	涨幅%	最新	市盈率	市净率	成交量	代码	涨幅%	最新	市盈率	市净率	成交量	AH股溢价	溢价率%↓
1	洛阳玻璃	600876	-2.48	14.930	133.31	6.47	469.6万	01108	-1.95	2.520	20.74	0.98	71.2万	12.67	561.30
2	浙江世宝	002703	-1.43	4.820	亏损	2.64	339.1万	01057	-3.49	0.830	亏损	0.41	18.8万	4.08	548.20
3	山东墨龙	002490	-1.74	3.390	亏损	1.54	206.9万	00568	-2.63	0.740	亏损	0.28	21.9万	2.73	411.34
4	一拖股份	601038	-3.52	6.580	69.33	1.59	927.6万	00038	-2.63	1.480	14.18	0.33	27.4万	5.25	396.25
5	ST东电	000585	-2.81	1.730	亏损	116.11	674.9万	00042	-2.04	0.480	亏损	29.23	16.0万	1.30	302.30
6	石化油服	600871	-3.64	2.120	41.74	5.82	3333.7万	01033	-6.25	0.600	10.77	1.50	612.5万	1.58	294.39
7	京城股份	600860	+2.10	4.850	亏损	5.08	380.1万	00187	+2.16	1.420	亏损	1.35	13.0万	3.58	281.24
8	创业环保	600874	-1.55	7.000	19.33	1.65	523.8万	01065	-3.53	2.460	6.22	0.53	41.2万	4.80	217.62
9	中船防务	600685	-1.84	13.300	亏损	1.95	334.7万	00317	-2.83	4.810	亏损	0.64	27.8万	8.99	208.64
10	中远海发	601866	-3.96	2.180	14.70	1.51	5924.6万	02866	-5.38	0.880	5.39	0.39	1079.9万	1.39	176.51
11	大连港	601880	-2.15	1.820	32.55	1.26	1940.7万	02880	-2.50	0.780	13.30	0.49	57.2万	1.12	160.45
12	新华制药	000756	-2.55	9.560	19.81	2.00	813.0万	00719	-2.38	4.100	7.36	0.80	17.8万	5.89	160.26
13	上海电气	601727	-1.00	4.970	25.54	1.22	2157.0万	02727	-1.36	2.170	10.04	0.48	171.4万	3.03	155.64
14	东方电气	600875	1.36	9.440	21.33	1.00	694.7万	01072	-4.60	4.150	8.33	0.40	118.2万	5.72	153.90
15	上海石化	600688	6.12	4.600	22.33	1.70	5919.7万	00338	+1.42	2.140	10.14	0.72	2204.5万	2.68	139.93
16	南京熊猫	600775	+1.80	10.770	155.95	2.86	1966.4万	00553	0.00	5.100	67.17	1.23	71.8万	6.20	135.71
17	重庆钢铁	601005	1.18	1.670	15.52	0.78	1300.9万	01053	-1.24	0.800	6.74	0.34	30.8万	0.95	133.01
18	中国石油	601857	-0.59	5.090	18.74	0.76	5058.9万	00857	-4.03	2.620	8.76	0.36	1.3亿	2.74	116.85
19	大唐发电	601991	-1.81	2.170	20.46	0.94	946.0万	00991	-3.42	1.130	12.56	0.30	513.3万	1.16	114.35
20	中煤能源	601898	-0.69	4.350	7.51	0.59	1063.0万	01898	-2.54	2.300	3.65	0.28	402.5万	2.29	111.11
21	中海油服	601808	-4.83	13.980	23.61	1.83	1015.7万	02883	-5.47	7.610	11.80	0.91	844.8万	7.16	105.05
22	中远海能	600026	+3.60	7.200	37.36	1.02	8483.7万	01138	-2.00	3.920	18.51	0.51	2058.4万	3.69	105.02
23	海通证券	600837	-0.63	14.230	16.62	1.32	4036.0万	06837	-4.52	7.810	8.33	0.66	1904.6万	7.23	103.37
24	四川成渝	601107	-0.81	3.660	7.51	0.73	294.4万	00107	-1.47	2.010	3.75	0.36	98.6万	1.86	103.25

图 1–2　部分 AH 股列表

依此类推，纽约的第一个英文字母是 N，新加坡的第一个英文字母是 S，在纽约和新加坡上市的股票分别叫作 N 股和 S 股。

（四）按股票是否记载股东姓名划分

我国《公司法》规定，公司发行的股票可以为记名股票，也可以为无记名股票。股份有限公司向发起人、法人发行的股票，应当为记名股票，并应当记载该发起人、法人的名称或者姓名，不得另立户名或者以代表人姓名记名。公司发行记名股票的，应当置备股东名册，记载下列事项：股东的姓名或者名称及住所、各股东所持股份数、各股东所持股票的编号、各股东取得股份的日期。发行无记名股票的，公司应当记载其股票数量、编号及发行日期。

1. 记名股票的特点

（1）股东权利归属于记名股东。

（2）可以一次或分次缴纳出资。

（3）转让相对复杂或受限制（股东以背书方式或者法律、行政法规规定的其他方式转让）。

（4）便于挂失，相对安全。

2. 无记名股票的特点

（1）股东权利归属股票的持有人。

（2）认购股票时要求一次缴纳出资。

（3）转让相对简便（交付转让）。

（4）安全性较差。

四、股息和红利

股息和红利是投资者投资普通股的收益，是公司分派优先股股息之后，按持股比例向股东分配的剩余利润。从种类上划分，红利又分为现金红利和股票红利。实务中股利主要以下几种形式进行派发。

如何查看个股分红送股

（一）派现

派现也称为现金股利，指股份有限公司以现金分红方式将盈余公积和当期应付利润的部分或全部发放给股东，股东为此应支付所得税。

（二）送股

送股也称股票股利，是指股份有限公司对原有股东采取无偿派发股票的行为。投资者获得上市公司送股时也需缴纳所得税。以贵州茅台为例，该股自上市以来累计分红 19 次，累计分红金额为 757.30 亿元。（见表 1-4）

表 1-4　贵州茅台 2014 年以来的分红情况

报告期	分红方案	A 股股权登记日	A 股除权除息日	分红总额	股利支付率	税前分红率
2018 年报	10 派 145.39 元（含税）	2019-06-27	2019-06-28	182.64 亿元	51.89%	1.46%
2017 年报	10 派 109.99 元（含税）	2018-06-14	2018-06-15	138.17 亿元	51.02%	1.4%
2016 年报	10 派 67.87 元（含税）	2017-07-06	2017-07-07	85.26 亿元	50.99%	1.49%

续表

报告期	分红方案	A股股权登记日	A股除权除息日	分红总额	股利支付率	税前分红率
2015年报	10派61.71元（含税）	2016-06-30	2016-07-01	77.52亿元	50.01%	2.11%
2014年报	10送1股派43.74元（含税）	2015-07-16	2015-07-17	49.95亿元	32.54%	1.74%

（三）资本公积转增股本

资本公积是在公司的生产经营之外，由资本、资产本身及其他原因形成的股东权益收入。资本公积转增股本是在股东权益内部，把公积金按照投资者所持有公司的股份份额比例的大小分到各个投资者的账户中，以此增加每个投资者的投入资本。资本公积转增股本同样会增加投资者持有的股份数量，但实际上，它不属于利润分配行为，因此投资者无须纳税。

五、IPO

（一）什么是IPO

IPO的英文全称是Initial Public Offerings，它的中文含义是首次公开募股。IPO指的是一家企业第一次对公众出售自己的股票，也就是我们常说的企业上市。通常情况下，上市公司都会通过证券承销商发售自己的股份。

（二）企业上市有什么好处

（1）丰富融资渠道，增强融资信誉。筹集资金，迅速提升实力，做大做强；提高自身信用状况，享受低成本的融资便利；拥有更丰富的融资、再融资、快速扩张渠道。

查看当前首次发行待上市股票

（2）规范企业运营，吸引优秀人才。完善内部控制、规范治理结构以及完善各项管理制度；提高运营效率；利用股期权等方式实现对员工和管理层的有效激励，有助于企业吸引优秀人才，增强企业的发展后劲。

（3）证明企业实力，提升企业形象。上市是对企业管理水平、发展前景、盈利能力的有力证明；可提高企业知名度，提升企业形象，扩大市场影响力。

（4）发现股票价值，增加其流动性。借助市场化评价机制发现企业股票的真实价值；增加股票流动性，是兑现投资资本、实现股权回报最大化的有效途径。

（5）改善资本结构，提高抗风险能力。企业建立直接融资平台，有利于提高企业自有资本比例；改善资本结构，提高自身抗风险能力。

（三）IPO 的条件和流程

以上海证券交易所为例，根据《公司法》《证券法》《首次公开发行股票并上市管理办法》《上海证券交易所股票上市规则》等法律法规，企业首次公开发行股票并上市主要条件如图 1-3 所示。

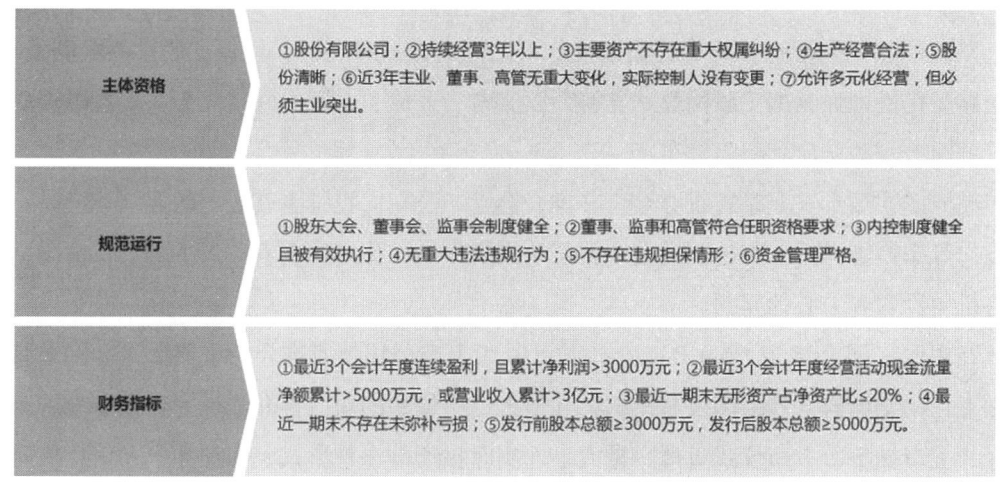

图 1-3　上海证券交易所上市主要条件

一般情况下，企业自筹划改制到完成发行上市总体上需要 3 年左右，主要包含重组改制、尽职调查与辅导、申请文件的制作与申报、发行审核、路演询价与定价及发行与挂牌上市等阶段。如果企业各方面基础较好，需要整改的工作较少，则发行上市所需时间可相应缩短。具体上市流程如表 1-5 所示。

表 1-5　企业上市流程

第一步	重组改制	相关方案的确定与报批 拟改制资产的审计评估 设立股份有限公司
第二步	尽职调查与辅导	尽职调查、问题诊断和整改 上市培训、辅导备案 辅导验收
第三步	文件制作申报	中介机构制作申请 企业完成发行申报内部决策 券商向证监会报送申请材料
第四步	发行审核	初审、征求省级政府意见 反馈意见答复、初审会 通过发审会并领取发行批文
第五步	路演询价定价	初步累计询价 协商确定价格 开展路演推介

续表

第六步	发行挂牌上市	网下、网上发行 股份托管、登记、挂牌上市 券商负责上市后的持续监督

（四）IPO路演

路演的目的是促进投资者与股票发行人之间的沟通和交流，以保证股票的顺利发行。网上路演是借助强大的互联网技术支持，以实时、开放、交互的网络优势实现投融资双方充分的网上互动交流和新闻发布。

路演的主要形式是举行推介会，在推介会上，公司向投资者就公司的业绩、产品、发展方向等作详细介绍，充分阐述上市公司的投资价值，让准投资者深入了解具体情况，并回答机构投资者关心的问题。

在中国，网上路演（Net Roadshow）已成为上市公司新股推介的重要形式。网上路演是网上互动交流模式和新闻发布模式，其形式已由最初的新股推介演绎为业绩推介、产品推介、上市抽签、上市仪式直播、重大事件实时报道等多种形式，在证券市场信息披露及信息交流方面的探索等方面取得了初步的成功。

随着互联网在中国的飞速发展，越来越多的股民可以方便地通过互联网去了解上市公司的信息"上市路演"。为了体现"公开、公平、公正"原则，维护中小投资者的利益，规范日趋壮大的中国证券市场，中国证监会于2001年1月10日发布了《关于新股发行公司通过互联网进行公司推介的通知》，要求"新股发行公司在新股发行前，必须通过互联网采用网上直播（至少包括图像直播和文字直播）方式向投资者进行公司推介"。

我们可以通过上海证券交易所的上证路演中心，点击查看企业的路演。（如图1-4）

如何查看新股路演　　　　　如何查看上市公司的上市仪式

图 1-4 上证路演中心

案例：阿里巴巴路演

当地时间 2014 年 9 月 9 日凌晨，阿里巴巴集团在纽约举行首次路演，吸引了众多华尔街大腕到场，原来预计 500 人出席的会场挤满了 800 多名投资者，有华尔街基金经理甚至在社交平台上透露现场排的队伍拐了 18 个弯，光是等电梯就需要 40 分钟。在路演现场，马云和阿里副董事长蔡崇信以"自顶向下"的方式向潜在投资人介绍了阿里巴巴。而现场潜在的投资者也提出了 10 余个问题，涵盖了阿里巴巴的商业模式、与中国政府的关系，以及对国际业务的计划等。其中，阿里巴巴的公司治理问题成为焦点。

（五）新股发行询价机制

主承销商先确定新股发行价格区间，召开路演推介会，根据需求量和需求价格信息对发行价格反复修正，并最终确定发行价格。询价过程只是投资者的意向表示，一般不代表最终的购买承诺。询价制是一种新股发行定价的方式。早先新股发行价的确定都是由发行人（拟上市公司）和承销商（保荐机构）自行定价，自 2004 年以后，证监会出台"询价制"，用来确定新股发行价。股票定价时，投资银行和发行人根据发行人的情况和市场需求，先确定一个发行价格的区间。然后根据投资者的反馈，按照大多数投资者能接受的价格水平确定发行价格。

新股的发行一般都是通过向询价对象询价来确定发行价格的。询价对象包括依法设立的证券投资基金、合格境外投资者（QFII）、符合中国证监会规定条件的证券公司，以及其他中国证监会认可的机构投资者。

案例：阿里巴巴询价和定价

2014年9月6日（美国当地时间）凌晨，阿里巴巴公布了每股60～66美元的IPO发行价指导区间；

9月9日，阿里巴巴路演在纽约开始，路演过程中，投资者对中国电商公司阿里巴巴展现了浓厚的兴趣；

9月15日，阿里巴巴大幅上调了它计划在纽约首次公开发行（IPO）的股票价格区间，从每股60～66美元上调至66～68美元；

9月18日收盘后，阿里巴巴公布最终IPO定价为68美元，这是其此前更新的询价区间上限。阿里巴巴股票于当地时间9月19日在纽交所公开交易。

案例：中银国际证券股份有限公司首次公开发行股票发行安排及初步询价公告（部分）

本次网下发行申购日与网上申购日同为2020年2月13日（T日），其中，网下申购时间为9:30—15:00，网上申购时间为9:30—11:30，13:00—15:00。投资者在2020年2月13日（T日）进行网上和网下申购时无须缴付申购资金。

网下投资者应根据《中银国际证券股份有限公司首次公开发行股票网下初步配售结果及网上中签结果公告》（以下简称"《网下初步配售结果及网上中签结果公告》"），于2020年2月17日（T+2日）16:00前，按最终确定的发行价格与获配数量，及时足额缴纳新股认购资金。网上投资者申购新股中签后，应根据《网下初步配售结果及网上中签结果公告》履行资金交收义务，确保其资金账户在2020年2月17日（T+2日）日终有足额的新股认购资金，投资者款项划付需遵守投资者所在证券公司的相关规定。

（六）投资者如何打新股

打新股是指用资金参与新股申购，如果中签的话，就买到了即将上市的股票。申购新股必须在发行日之前办好上海证交所或深圳证交所证券账户。

网下新股发行的具体流程如下：

（1）初步询价开始日前两个交易日，主承销商公布招股意向书及初步询价公告。

（2）初步询价开始前一个交易日10:00前，主承销商通过上交所网下申购电子化平台录入初步询价参数，并确认网下投资者及配售对象参与资格。

（3）初步询价期间，网下投资者为其管理对象报价。同一个网下投资者只能有一个报价，非个人投资者应当以机构为单位报价。

（4）T-3日，初步询价截止。

（5）T-2日，发行人与主承销商确定发行价格（或发行价格区间）。

（6）T-1日，发行人与主承销商刊登网下发行公告；主承销商剔除不得参与申购的初步询价报价，确定有效报价投资者名单，并于15:00前通过上交所网下申购电子化平台确认。

（7）T日，网下投资者申购，申购时无须缴付申购资金。

（8）T+1 日，主承销商上传初步配售结果，网下投资者查询网下获配应缴款情况。原 T+1 日会计师事务所申购资金验资环节取消。

（9）T+2 日，主承销商公告初步配售结果，网下投资者据此在当日 16:00 前缴纳新股认购资金。

（10）T+3 日 14:00 前，主承销商将最终确定配售结果上传上交所网下申购电子化平台。

（11）T+4 日，主承销商将认购资金划入发行人账户。

实训二
认识我国的证券市场

> **实训目的**

了解我国证券交易所，熟知我国多层次的资本市场。

> **实训内容**

1.获悉行情，查看股票代码的构成，了解编码规律。

2.进入上海证券交易所及深圳证券交易所，查看我国当前证券市场的构成，了解主板、创业板、新三板的上市要求及区别。

3.查看目前证券市场主要交易品种。

4.熟悉科创板及其特征。

> **实训步骤**

一、查看股票名称和代码

股票代码用数字表示股票的不同含义。股票代码除了区分各种股票，也有其潜在的意义。比如600***是上交所上市的股票代码，6006**是最早上市的股票。一个公司的股票代码跟车牌号差不多，能够显示出这个公司的实力以及知名度，比如000088盐田港，000888峨眉山。

在上海证券交易所上市的证券，采用6位数编制方法，前3位数为区别证券品种，具体为：001***为国债现货；110***和120***为企业债券；129***和100***为可转换债券；201***为国债回购；310***为国债期货；500***和550***为基金；600***为A股；700***为配股；710***为转配股；701***为转配股再配股；711***为转配股再转配股；720***为红利；730***为新股申购；735***为新基金申购；737***为新股配售；900***为B股。

沪市A股交易代码是以600、601或603开头，如：浦发银行，股票代码是600000；伊利股份，股票代码是600887；贵州茅台，股票代码是600519；中国国航，股票代码是601111；人民网，股票代码是603000。

深市A股交易代码是以000开头，如：格力电器，股票代码是000651；平安银行，股票代码是000001。中小板股票代码以002开头，如：苏宁易购，股票代码是002024；全聚德，股票代码是002186。

创业板股票代码以300开头，如：华谊兄弟，股票代码是300027。

二、了解我国的股票市场

（一）股票市场主体及功能

股票市场是股票发行和交易的场所。根据市场的功能划分，分为发行市场和流通市场。根据市场的组织形式划分，分为场内交易市场和场外交易市场。股票市场对推动国民经济增长和世界经济一体化影响巨大，有以下主要功能。

（1）筹集资金。筹集资金是股票市场的首要功能。企业通过在股票市场上发行股票，把分散在社会上的闲置资金集中起来，形成巨额的、可供长期使用的资本，用于支持社会化大生产和大规模经营。

（2）转换机制。对于我国企业来说，股票市场可促进公司转换经营机制，建立现代企业制度。企业要成为上市公司，必须先改制为股份有限公司，完善公司内控制度；上市后，必须履行信息披露义务。这就使企业时时处在各方面的监督之中，企业治理也更为完善。

（3）优化资源配置。股票市场的优化资源配置功能，是通过一级市场筹资、二级市场股票的流动来实现的。投资者通过及时披露的各种信息，选择成长性好、盈利潜力大的股票进行投资，使资金逐渐流向效益好、发展前景好的企业。

（4）分散风险。股票市场在给投资者和融资者提供了投融资渠道的同时，也提供了分散风险的途径。从资金需求者角度来看，通过发行股票筹集了资金，同时将其经营风险部分地转移和分散给投资者，实现了风险的社会化。从投资者角度看，可以根据个人承担风险的程度，通过买卖股票和建立投资组合来转移和分散风险。

股票市场的"朋友圈"

进入股票市场前，除了要对股票和股票市场有一定了解之外，我们还需要熟悉市场中的各类主体。比如，股票市场中有一些需要筹集资金的发行人，也有一些手中有盈余资金的投资者，他们构成了股票市场主体的基础。在股票发行与交易过程中，由于专业性较强，就需要各类具备专业知识的中介机构来提供相应的服务。同时，有序的市场还离不开"裁判员"的监督和管理。

了解各类参与者，可以帮助我们对整个股票市场的运行有更全面的认识。接下来，让我们通过下面几个小问题，一起来认识一下这些股票市场参与者吧！

问：股票市场主要参与主体有哪些？

答：（1）发行人：指为筹措资金而发行股票的发行主体。只有股份有限公司才能发行股票。

（2）投资者：主要是指以获取股息或资本收益为目的而买入股票的机构或个人。相应地，投资者可分为机构投资者和个人投资者两大类。

（3）中介机构：指为股票的发行、交易提供服务的各类机构。在股票市场起中介作用的机构是证券公司和其他证券服务机构。

（4）自律性组织：包括证券交易所、证券业协会、证券登记结算机构、证券投资者保护基金。

（5）监管机构：指中国证监会及其派出机构。

普通投资者的日常投资行为，例如证券买卖和投资咨询等，大多通过证券公司进行，所以与投资者关系最为密切的中介机构是证券公司。

问：什么是机构投资者和个人投资者？

答：目前我国机构投资者主要有金融机构及其发行的理财产品、社会保障基金、企业年金等养老基金、合格境外机构投资者（QFII）、人民币合格境外机构投资者（RQFII）、法人或者其他组织等。

个人投资者是指从事证券投资的社会自然人，是证券市场最广泛的投资者。

问：什么是证券公司？

答：证券公司又称券商。是指依照《公司法》《证券法》规定并经国务院证券监督管理机构批准经营证券业务的有限责任公司或者股份有限公司。

问：什么是证券服务机构？

答：证券服务机构是指依法设立的从事证券服务业务的法人机构，主要包括律师事务所、会计师事务所、证券投资咨询机构、资信评级机构、资产评估机构等。

问：什么是证券交易所？

答：证券交易所是证券买卖双方公开交易的场所，是一个高度组织化、集中进行证券交易的市场，是整个证券市场的核心。证券交易所本身并不买卖证券，也不决定证券价格，而是为证券交易提供一定的场所和设施，配备必要的管理和服务人员，为证券交易顺利进行提供一个稳定、公开、高效的场所。

问：什么是证券业协会？

答：证券业协会是证券业的自律性组织，是社会团体法人。中国证券业协会具有独立法人地位，采取会员制的组织形式，协会的权力机构为全体会员组成的会员大会。其自律管理体现在保护行业共同利益、促进行业共同发展方面。

问：什么是证券登记结算机构？

答：证券登记结算机构是为证券交易提供集中登记、存管与结算服务，不以营利为目的的法人。证券登记结算机构实行行业自律管理。我国的证券登记结算机构为中国证券登记结算有限责任公司。

问：什么是证券投资者保护基金？

答：证券投资者保护基金是指按照《证券投资者保护基金管理办法》筹集形成的、在防范和处置证券公司风险中用于保护证券投资者利益的资金。保护基金的主要用途是证券公司被撤销、关闭和破产或被中国证监会实施行政接管、托管经营等强制性监管措施时，按照国家有关政策规定对债权人予以偿付。

问：什么是中证中小投资者服务中心？

答：中证中小投资者服务中心有限责任公司（简称"投服中心"），是经中国证监会批准设立并直接管理的证券金融类公益机构，主要业务包括持股行权、纠纷调解、诉讼与支持诉讼、投资者教育等。

问：什么是证券监管机构？

答：在我国，证券监管机构是指中国证监会及其派出机构。中国证监会为国务院直属正部级事业单位，依照法律、法规经国务院授权，统一监督管理全国证券期货市场，维护证券期货市场秩序，保障其合法运行。

问：投资者、证券公司、证券交易所、登记结算公司之间是什么样的关系？

答：简单地说，投资者向证券公司发出买入指令，证券公司把投资者的买入指令再发送给交易所，成交后将股票放在登记结算公司投资者本人的证券账户中。卖出时，投资者把卖出指令发送给证券公司，证券公司将其卖出指令发送给交易所，成交后，登记结算公司从投资者证券账户中扣除相应的证券。

（二）我国的证券交易所

证券交易所是依据国家有关法律，经政府证券主管机关批准设立的集中进行证券交易的有形场所。我国有上海证券交易所、深圳证券交易所、香港交易所和台湾证券交易所。

上海证券交易所和深圳证券交易所在20世纪90年代初先后成立并正式营业。台湾证券交易所于1962年开始运作。香港最早的证券交易可以追溯至1866年，香港第一家证券交易所——香港股票经纪协会于1891年成立，1914年更名为香港证券交易所。上海和深圳两市分别从最初的8只股票和5只股票，发展到目前上市公司合计超过3000家，成为全球市值最大的证券市场之一。

1. 上海证券交易所

上海证券交易所成立于 1990 年 11 月 26 日，同年 12 月 19 日开业，受中国证监会监督和管理。截至 2020 年 2 月 7 日，上市公司 1586 家，上市股票 1629 只，其中主板 A 股 1499 只，主板 B 股 50 只，科创板 80 只，总市值 344880.31 亿元。其中市值最大的几只股票为工商银行、贵州茅台、农业银行、中国平安等，排名前十的个股市值合计占总市值的比例达到 25.84%。（见表 2-1，2-2）

如何查看我国 A 股市场总体概貌

表 2-1　上海证券交易所概貌（数据日期：2020 年 2 月 7 日）

参数	总貌	主板	科创板
上市公司 / 家	1586	1506	80
上市股票 / 只	1629	1549	80
总股本 / 亿股	40761.8	40498.75	263.05
流通股本 / 亿股	35477.19	35437.83	39.36
总市值 / 亿元	344880.31	331872.03	13008.28
流通市值 / 亿元	286291.61	284364.92	1926.69
平均市盈率 / 倍	14.03	13.57	104.48

表 2-2　上交所股票市价总值排名前十名（数据更新日期：2020 年 2 月 7 日）

名次	股票代码	股票简称	市价总值（万元）	所占总市值的比例（%）
1	601398	工商银行	146669043.62	4.42
2	600519	贵州茅台	135166883.28	4.07
3	601288	农业银行	108543031.66	3.27
4	601318	中国平安	87777080.43	2.64
5	601857	中国石油	85494857.09	2.58
6	601988	中国银行	73978695.71	2.23
7	600036	招商银行	73067721.17	2.20
8	601628	中国人寿	62449766.47	1.88
9	600028	中国石化	45198825.70	1.36
10	600276	恒瑞医药	39650529.28	1.19

2. 深圳证券交易所

深圳证券交易所（简称"深交所"）成立于 1990 年 12 月 1 日，由中国证监会监督管理。截至 2020 年 2 月 7 日，深圳证券交易所证券市价总值达 240390.25 亿元，上市公司数 2210 家，上市证券数 9599 个。（见图 2-1，表 2-3）

证券类别	数量（只）	成交金额（亿元）	成交量（亿股）	总股本（亿股）	总市值（亿元）	流通股本（亿股）	流通市值（亿元）
股票	2397	5,567.65	365.24	22,881.71	347,914.49	18,957.70	269,344.43
主板A股	459	1,447.19	121.10	8,307.11	97,896.19	7,376.95	88,339.24
主板B股	45	1.34	0.36	121.65	526.48	120.35	522.41
中小板	998	2,256.53	152.02	9,937.37	138,772.62	7,936.33	109,909.85
创业板A股	895	1,862.57	91.75	4,515.57	110,719.19	3,524.06	70,572.92
基金	372	115.23	68.88	1,391.06	2,526.68	1,391.06	2,526.68
ETF	113	103.18	59.86	985.24	1,985.27	985.24	1,985.27
LOF	258	12.01	9.01	405.74	533.22	405.74	533.22
封闭式基金	1	0.02	0.00	0.08	8.17	0.08	8.17
债券	7985	1,631.51	14.42				
债券现券	7343	462.87	2.73	4,205.43	420,534.08	198.61	20,182.03
债券回购	13	1,155.30	11.56				
ABS	629	13.33	0.13	56.81	5,396.36	56.81	5,396.36
期权	130	4.37	0.00				

图 2-1　深圳证券交易所证券类别统计（数据截至 2020 年 2 月 7 日）

表 2-3　深圳证券交易所交易概貌（数据截至 2020 年 2 月 7 日）

参数	总貌	深市主板	中小企业板	创业板
市价总值（亿元）	240,390.25	72,376.46	101,010.54	67,003.24
流通市值（亿元）	186,423.02	64,102.18	77,489.73	44,831.10
上市公司数	2210	470	946	794
总成交股数（万股）	4,900,136.89	1,210,426.87	2,182,183.71	51.42
平均市盈率	26.47	16.76	29.19	13,008.28
总成交金额（亿元）	5,681.68	1,134.69	2,476.93	2,070.04

3. 港交所（HKEX）

即"香港交易所"，全称"香港交易及结算所有限公司"（Hong Kong Exchanges and Clearing Limited，简称 HKEX），是全球一大主要交易所集团，也是一家在香港上市的控股公司。香港的证券交易历史悠久，早于 19 世纪香港开埠初期已出现，香港最早的证券交易可以追溯至 1866 年。香港第一家证券交易所——香港股票经纪协会于 1891 年成立。1914 年，改名为香港证券交易所。1921 年，香港又成立了第二家证券交易所——香港证券经纪人协会。随着股票市场繁荣和发展的需要，1969 年以后香港证券市场进入四家交易所并存的所谓"四会时代"，1986 年 3 月 27 日，四家交易所正式合并组成香港联合交易所，4 月 2 日，联合交易所开始运作，并开始享有在香港建立、经营和维护证券市场的专营权，成为香港唯一的证券交易所。香港证券市场进入一个新时代。（见表 2-4）

表 2-4　港股市值前十的公司（数据截至 2021 年 1 月 15 日）

股份代号	名称	名义价格	成交额（港元）	市值（港元）	市盈率	股息收益率（%）
4338	微软 T	—— 0.000（0.00%）	——	7,662.81B	——	——
700	腾讯网	HK $ 645.000 +15.500（+2.46%）	19.49B	6,188.07B	59.09 倍	0.19%
9988	巴巴西南	HK $ 241.000 +6.000（+2.55%）	13.63B	5,216.46B	——	——
3690	美团	HK $ 307.600 −5.600（−1.79%）	5.15B	1,810.35B	725.47x	——
4335	英特尔	—— 0.000（0.00%）	——	1,567.84B	——	——
939	建行	HK $ 6.180 +0.110（+1.81%）	3.40B	1,485.77B	5.37 倍	5.66%
1299	友邦保险	HK $ 104.400 +3.700（+3.67%）	3.42B	1,262.71B	24.24 倍	1.23%
4332	安进	—— 0.000（0.00%）	——	1,128.38B	——	——
9618	京东	HK $ 350.400 −3.000（−0.85%）	1.36B	1,096.67B	——	——
941	中国移动	HK $ 47.100 −0.050（−0.11%）	4.17B	964.39B	8.21 倍	6.91%

4. 台湾证券交易所（TWSE）

全称"台湾证券交易所股份有限公司"（Taiwan Stock Exchange Corporation，TSEC），简称"台证所"或"台交所"，位于台北市信义区的台北 101 大楼内，为主掌台湾股票上市公司交易市场（即集中市场）的商业机构，也是中国台湾唯一的证券交易所。1961 年 10 月 23 日，台湾证券交易所正式被批准成立，1962 年 2 月 9 日起正式对外营业。

三、熟悉我国多层次的资本市场

我国资本市场从 20 世纪 90 年代发展至今，资本市场已由场内市场和场外市场两部分构成。其中场内市场的主板（含中小板）、创业板（俗称"二板"）和场外市场的全国中小企业股份转让系统（俗称"新三板"）、区域性股权交易市场、证券公司主导的柜台市场共同组成了我国多层次资本市场体系。（如图 2-2）

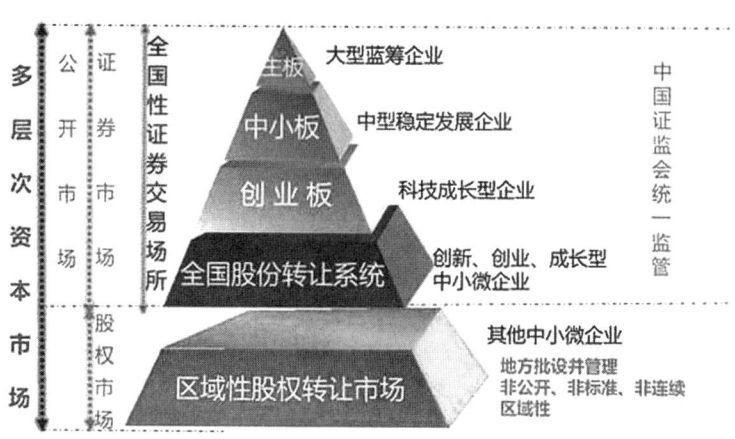

图 2-2　我国多层次资本市场

（一）主板市场

也称为一板市场，指传统意义上的证券市场（通常指股票市场），是一个国家或地区证券发行、上市及交易的主要场所。主板市场对发行人要求标准较高，上市企业多为大型成熟企业，具有较大的资本规模以及稳定的盈利能力。上海证券交易所和深圳证券交易所包含主板。2004 年 5 月，经国务院批准，中国证监会批复同意深圳证券交易所在主板市场内设立的中小企业板块，从资本市场架构上也从属于一板市场。

（二）二板市场

又称为"创业板市场"（Growth Enterprises Market，简称 GEM），是地位次于主板市场的二级证券市场，其目的主要是扶持中小企业，尤其是高成长性企业，为风险投资和创投企业建立正常的退出机制。上市条件比主板市场相对宽松。

企业首次公开发行股票并在深交所中小企业板、创业板上市的部分条件见表 2-5，2-6。

表2-5 主板（中小企业板）主要发行上市条件一览表

主体资格	合法存续的股份有限公司； 自股份有限公司成立后，持续经营时间在3年以上，但经国务院批准的除外； 最近3年内主营业务和董事、高级管理人员没有发生重大变化，实际控制人没有发生变更。
独立性	具有完整的业务体系和直接面向市场独立经营的能力； 五独立：资产独立（或资产完整）、人员独立、财务独立、机构独立、业务独立； 发行人的业务独立于控制股东、实际控制人及其控制的其他企业，与控股股东、实际控制人及其控制的其他企业间不得有同业竞争或者显失公平的关联交易。
规范运作	依法建立健全股东大会、董事会、监事会、独立董事、董事会秘书制度； 内部控制制度健全且被有效执行； 发行人最近36个月内无重大违法违规行为，或严重损害投资者合法权益和社会公共利益的其他情形； 公司章程明确对外担保的审批权限和审议程序，不存在为控股股东、实际控制人及其控制的其他企业进行违规担保的情形； 有严格的资金管理制度，不得有资金被控股股东、实际控制人及其控制的其他企业以借款、代偿债务、代垫款项或者其他方式占用的情形。
财务与会计	最近3个会计年度净利润均为正数且净利润累计＞3000万元，净利润以扣除非经常性损益前后较低者为计算依据； 最近3个会计年度经营活动产生的现金流量净额累计＞5000万元；或最近3个会计年度营业收入累计＞3亿元； 发行前股本≥3000万元； 最近一期末无形资产占净资产的比例≤20%； 最近一期末不存在未弥补亏损； 内部控制在所有重大方面有效，会计基础工作规范，财务会计报告无虚假记载； 不存在影响发行人持续盈利能力的情形。
募资资金运用	募集资金应当有明确使用方向，原则上应当用于主营业务； 募集资金数额或投资项目应与发行人现有生产经营规模、财务状况、技术水平和管理能力等相适应； 募集资金投资项目应当符合国家产业政策、投资管理、环境保护、土地管理以及其他法律、法规和规章的规定； 募集资金投资项目实施后，不会产生同业竞争或者对发行人独立性产生不利影响； 发行人应当建立募集资金专项存储制度，募集资金应当存放于董事会决定的专项账户。
股本及公开发行比例	发行后总股本≤4亿元的，公开发行比例须≥25%； 发行后总股本＞4亿元的，公开发行比例须≥10%。 注：如公司存在H股流通股，则公开发行比例以H股、A股流通股合计值为计算依据。
股东承诺	控股股东和实际控制人应当承诺：自发行人股票上市之日起36个月内，不转让或者委托他人管理其直接或者间接持有的发行人公开发行前已发行的股份，也不由发行人回购其直接或者间接持有的发行人公开发行前已发行的股份。

表 2-6　创业板主要发行上市条件一览表

主体资格	依法设立且持续经营 3 年以上的股份有限公司、有限责任公司按原账面净资产值折股整体变更为股份有限公司的，持续经营时间可以从有限责任公司成立之日起计算； 发行人应当主要经营一种业务，生产经营活动符合法律、行政法规和公司章程的规定，符合产业政策及环保政策； 发行人最近两年内主营业务和董事、高级管理人员均没有发生重大变化，实际控制人没有发生变更。
规范运作	股权清晰，控股股东和受控股股东、实际控制人支配的股东所持发行人的股份不存在重大权属纠纷； 依法建立健全股东大会、董事会、监事会以及独立董事、董事会秘书、审计委员会制度、股东投票计票制度； 内部控制制度健全； 发行人及其控股股东、实际控制人最近 3 年内不存在损害投资者合法权益和社会公共利益的重大违法行为。
财务与会计	最近两年连续盈利，最近两年净利润累计不少于 1000 万元；或者最近一年盈利，最近一年营业收入不少于 5000 万元。净利润以扣除非经常性损益前后孰低者为计算依据； 最近一期末净资产不少于 2000 万元，且不存在未弥补亏损； 发行后股本总额不少于 3000 万元； 会计基础工作规范，内部控制制度健全有效，财务会计报告无虚假记载。
信息披露	分析并完整披露对其持续盈利能力产生重大不利影响的所有因素； 披露已达到发行监管对公司独立性的基本要求； 凡是对投资者作出投资决策有重大影响的信息，均应当予以披露。

（三）三板市场

三板市场：NEEQ（National Equities Exchange and Quotations），全国中小企业股份转让系统，是经国务院批准设立的全国性证券交易场所，为中小微企业提供融资、交易、并购、发债等功能的股票交易场所。（如图 2-3）

如何查看看新三板及交易情况

全国中小企业股份转让系统（简称"全国股转系统"，俗称"新三板"）是经国务院批准，依据证券法设立的继上交所、深交所之后的第三家全国性证券交易场所，也是我国第一家公司制运营的证券交易场所。2013 年 1 月 16 日正式揭牌运营，注册资本 30 亿元。主要为创新型、创业型、成长型中小微企业发展服务，境内符合条件的股份有限公司均可通过主办券商申请挂牌，公开转让股份，进行股权融资、债权融资、资产重组等。（见表 2-7）

图 2-3　全国中小企业股份转让系统

表 2-7　全国中小企业股份转让系统交易情况

参数		2019 年	2018 年	2017 年	2016 年
挂牌规模	挂牌公司家数	8,953	10,691	11,630	10,163
	总股本（亿股）	5,616.29	6,324.53	6,756.73	5,851.55
	总市值（亿元）	29,399.60	34,487.26	49,404.56	40,558.11
股票发行	发行次数	637	1,402	2,725	2,940
	发行股数（亿股）	73.73	123.83	239.26	294.61
	融资金额（亿元）	264.63	604.43	1,336.25	1,390.89
优先股发行	发行次数	11	9	10	3
	融资金额（亿元）	3.60	2.59	1.80	20.20
股票转让	成交金额（亿元）	825.69	888.01	2,271.80	1,912.29
	成交数量（亿股）	220.20	236.29	433.22	363.63
	换手率（%）	6.00	5.31	13.47	20.74
	市盈率（倍）	19.74	20.86	30.18	28.71
	60 日市盈率（倍）	18.21	17.25	—	—
投资者账户数	机构投资者（万户）	5.89	5.63	5.12	3.85
	个人投资者（万户）	38.73	37.75	35.74	29.57

1. 全国中小企业股份转让系统挂牌条件

挂牌要求主要包括：

（1）依法设立且存续满两年；

（2）公司营运记录应满足下列条件：

①公司应在每一个会计期间内形成与同期业务相关的持续营运记录，不能仅存在偶发性交易或事项。

②最近两个完整会计年度的营业收入累计不低于 1000 万元；因研发周期较长导致营业收入少于 1000 万元，但最近一期期末净资产不少于 3000 万元的除外。

③报告期末股本不少于 500 万元。

④报告期末每股净资产不低于 1 元 / 股。

⑤公司及下属子公司在最近 24 个月内不得有重大违法违规行为。重大违法违规行为是指因违反国家法律、行政法规、规章的行为，受到刑事处罚或适用重大违法违规情形的行政处罚。

2. 全国中小企业股份转让系统投资者适当性管理

自然人投资者申请参与精选层股票发行和交易应当符合下列条件：申请权限开通前 10 个交易日，本人名下证券账户和资金账户内的资产日均人民币 100 万元以上（不含该投资者通过融资融券融入的资金和证券），且具有符合规定的投资经历、工作经历或任职经历。

自然人投资者申请参与创新层股票发行和交易应当符合下列条件：申请权限开通前 10 个交易日，本人名下证券账户和资金账户内的资产日均人民币 150 万元以上（不含该投资者通过融资融券融入的资金和证券），且具有符合规定的投资经历、工作经历或任职经历。

自然人投资者申请参与基础层股票发行和交易应当符合下列条件：申请权限开通前 10 个交易日，本人名下证券账户和资金账户内的资产日均人民币 200 万元以上（不含该投资者通过融资融券融入的资金和证券），且具有符合规定的投资经历、工作经历或任职经历。

自然人投资者参与挂牌公司股票发行和交易的，应当具有两年以上证券、基金、期货投资经历，或者具有两年以上金融产品设计、投资、风险管理及相关工作经历，或者具有《证券期货投资者适当性管理办法》第 8 条第 1 款第 1 项规定的证券公司、期货公司、基金管理公司及其子公司、商业银行、保险公司、信托公司、财务公司，以及经行业协会备案或者登记的证券公司子公司、期货公司子公司、私募基金管理人等金融机构的高级管理人员任职经历。

3. 交易方式

股票交易可以采取做市交易方式、集合竞价交易方式、连续竞价交易方式以及中国证监会批准的其他交易方式。

做市和竞价交易时间为每个交易日的 9:15—11:30，13:00—15:00。

（四）四板市场

区域性股权交易市场（下称"区域股权市场"）是为特定区域内的企业提供股权、债券的转让和融资服务的私募市场，一般以省级为单位，由省级人民政府监管，是我国多层次资本市场的重要组成部分，其中参

查看四板及交易情况

与的企业数量也最为众多。

新四板是指由地方政府管理的、非公开发行证券的场所，是资本市场服务小微企业的新的组织形式和业态，是多层次资本市场体系的组成部分，也叫区域性股权市场，服务对象是尚未进入成熟期但具有成长潜力且满足有关规范性要求的科技创新中小企业。2012年，为促进中小企业发展，解决"中小企业多、融资难；社会资金多、投资难"，即"两多两难"问题，中央允许各地重新设立区域性股权市场，研究并推动在沪深交易所之外进行场外资本市场试验。2012年8月，证监会发布了《关于规范证券公司参与区域性股权交易市场的指导意见》，从政策层面首次确认中国多层次资本市场包括四个层次。新四板，也叫"四新板""N板""科技创新板"，"四新"即新产业、新业态、新模式、新技术。新四板就是服务四新企业，希望通过上海股权交易中心"四新板"这个平台，实现资本市场与实体经济的对接，促进四新企业转型升级发展，解决科技创新型中小企业融资难的问题。（如图2-4）

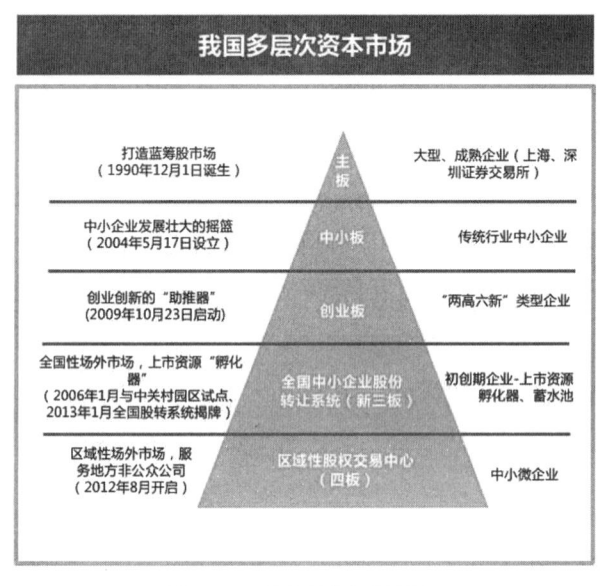

图2-4　不同市场的部分区别

（五）科创板

科创板，是由国家主席习近平于2018年11月5日在首届中国国际进口博览会开幕式上宣布设立，独立于现有主板市场的新设板块，在该板块内进行注册制试点。设立科创板并试点注册制是提升服务科技创新企业能力、增强市场包容性、强化市场功能的一项资本市场重大改革举措。通过发行、交易、退市、投资者适当性、证券公司资本约束等新制度以及引入中长期资金等配套措施，增量试点、循序渐进，新增资金与试点进展同步匹配，力争在科创板实现投融资平衡、一二级市场平衡、公司的新老股东利益平衡，并促进现有市场形

查看科创板当前交易情况

成良好预期。2019 年 6 月 13 日，科创板正式开板；7 月 22 日，科创板首批公司上市；8 月 8 日，第二批科创板公司挂牌上市。截至 2020 年 2 月 7 日，科创板有 80 只个股。在上交所设立科创板并试点注册制，有助于完善多层次资本市场体系，提升资本市场服务实体经济的能力。（如图 2-5，表 2-8）

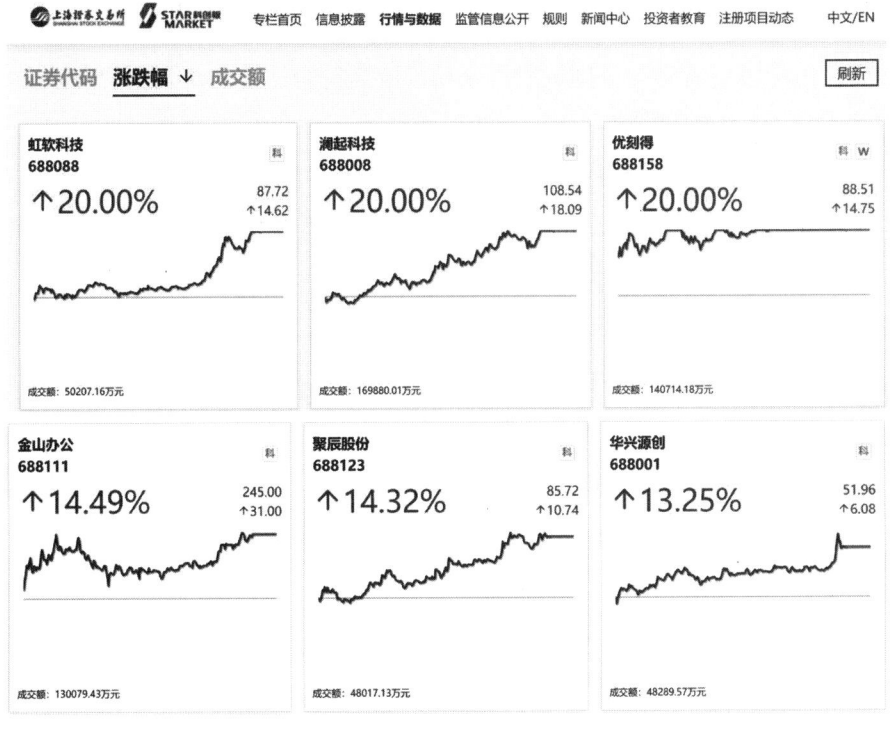

图 2-5　科创板交易部分行情

表 2-8　科创板股票市价总值排名前十名（数据更新日期：2020 年 1 月 15 日）

名次	股票代码	股票简称	市价总值（万元）	所占总市值的比例（％）
1	688008	澜起科技	8881466.98	9.02
2	688012	中微公司	7862474.88	7.98
3	688111	金山办公	7614798.00	7.73
4	688009	中国通号	6129543.80	6.22
5	688036	传音控股	4406400.00	4.47
6	688363	华熙生物	3986400.00	4.05
7	688099	晶晨股份	2723670.00	2.77
8	688321	微芯生物	2514940.00	2.55
9	688029	南微医学	2380119.00	2.42
10	688088	虹软科技	2295524.00	2.33

1. 自然人投资者参与科创板的门槛要求

需要注意的是，科创板对投资者入市有一定的门槛要求，科创板股票交易规则也与其他市场有所不同，股价波动幅度更大。

参与科创板股票交易，投资者应当符合哪些方面的要求呢？

根据《上海证券交易所科创板股票交易特别规定》，科创板股票交易实行投资者适当性管理制度。

一方面，机构投资者参与科创板股票交易，应当符合法律法规及上交所业务规则的规定。

另一方面，个人投资者参与科创板股票交易，应当符合以下方面的条件：

①申请权限开通前 20 个交易日证券账户及资金账户内的资产日均不低于人民币 50 万元（不包括该投资者通过融资融券融入的资金和证券）；

②参与证券交易 24 个月以上；

③上交所规定的其他条件。

问：投资者有哪些渠道可以参与科创板股票交易？

答：根据《上海证券交易所科创板股票交易特别规定》，投资者可以通过竞价交易、盘后固定价格交易和大宗交易参与科创板股票交易。

与沪市主板不同，科创板引入了盘后固定价格交易方式。盘后固定价格交易是指在收盘集合竞价结束后，交易所交易系统按照时间优先顺序对收盘定价申报进行撮合，并以当日收盘价成交的交易方式。

投资者需关注，竞价交易、盘后固定价格交易及大宗交易这三种科创板股票交易方式在交易时间、申报要求、成交原则等方面存在差异。

问：科创板股票交易的涨跌幅比例是如何规定的？

答：上交所对科创板股票竞价交易实行价格涨跌幅限制，涨跌幅比例为 20%。

首次公开发行上市的科创板股票，上市后的前 5 个交易日不设价格涨跌幅限制，提示投资者注意。

问：投资者参与科创板股票交易，是否需要开立新的账户？

答：投资者参与科创板股票交易，应当使用沪市 A 股证券账户。符合科创板股票适当性条件的投资者仅需向其委托的证券公司申请，在已有沪市 A 股证券账户上开通科创板股票交易权限即可，无须在登记结算机构开立新的证券账户。

实训三
识别和防范证券投资风险

> **实训目的**

掌握证券投资风险种类，能查看风险案例，树立风险意识。

> **实训内容**

1. 证券投资的风险。
2. 查看风险案例，能识别风险。

> **知识链接**

一般而言,风险是指对投资者预期收益的背离,或者说是证券收益的不确定性。证券投资的风险是指证券预期收益变动的可能性及变动幅度。

与证券投资相关的所有风险称为总风险,总风险可分为系统性风险和非系统性风险两大类。

系统性风险与非系统性风险并不是相互独立的,而是相互作用和相互影响的。其中,系统性风险是指由于某种仝局性的共同因素引起投资收益的可能变动,这种因素以同样的方式对所有证券收益产生影响,也称"不可回避风险"或"不可分散风险"。系统性风险包括政策风险、经济周期性波动风险、利率风险、购买力风险和市场风险等。非系统性风险是指只对某个行业或个别公司证券产生影响的风险,它通常由某一特殊因素引起,与整个证券市场的价格不存在系统、全面的联系,而只对个别或少数证券的收益产生影响。这种因行业或企业自身因素改变而带来的证券价格变化与其他证券的价格、收益没有必然的内在联系,不会因此影响其他证券的收益。这种风险可以通过分散投资来抵消,因此又被称为"可分散风险"或"可回避风险"。非系统性风险包括信用风险、经营风险、财务风险、流动性风险等。

一、系统性风险

是指由于某种全局性的共同因素引起的投资收益的可能变动,这些因素来自企业外部,是单一证券无法抗拒和回避的,因此又叫不可回避风险。这些共同的因素会对所有企业产生不同程度的影响,不能通过多样化投资而分散,因此又称为不可分散风险。系统性风险包括政策风险、经济周期性波动风险、利率风险和购买力风险等。

(1)政策风险。指政府有关证券市场的政策发生重大变化或是有重要的法规、举措出台,引起证券市场的波动,从而给投资者带来的风险。

(2)经济周期性波动风险。指证券市场行情周期性变动而引起的风险。这种行情变动不是指证券价格的日常波动和中级波动,而是指证券行情长期趋势的改变。在整个看涨行市中,几乎所有的股票价格都会上涨;在整个看跌行市中,几乎所有的股票价格都不可避免的有所下跌,只是涨跌的程度不同而已。

(3)利率风险。利率从两方面影响证券价格:一是改变资金流向。当市场利率提高时,会吸引一部分资金流向银行储蓄、商业票据等其他金融资产,减少对证券的需求,使证券价格下降;当市场利率下降时,一部分资金流回证券市场,增加对证券的需求,刺激证券价格上涨。二是影响公司的盈利。利率提高,公司融资成本提高,在其他条件不变的情况下净盈利下降,派发股息减少,引起股票价格下降;利率下降,融资成本下降,净盈利和股息相应增加,股票价格上涨。

利率政策是中央银行的货币政策工具。利率风险对不同证券的影响是不相同的。第一,利率风险是固定收益证券的主要风险,特别是债券的主要风险。第二,利率风险是政府债券的主要风险。第三,利率风险对长期债券的影响大于短期债券。

(4)购买力风险。又称通货膨胀风险。购买力风险对不同证券的影响是不相同的,最容易受其损害的是固定收益证券,如优先股、债券。一般来讲,可通过计算实际收益率来分析购买力风险:

实际收益率 = 名义收益率 – 通货膨胀率

二、非系统性风险

是指只对某个行业或个别公司的证券产生影响的风险,非系统性风险是可以抵消回避的,因此又称为可分散风险或可回避风险。非系统性风险包括信用风险、经营风险、财务风险等。

(1)信用风险。又称违约风险,指证券发行人在证券到期时无法还本付息而使投资者遭受损失的风险。债券、优先股、普通股都可能有信用风险,但程度有所不同。信用风险是债券的主要风险，政府债券的信用风险最小，其他债券的信用风险从低到高依次为地方政府债券、金融债券、公司债券，但大金融机构或跨国公司债券的信用风险有时会低于某些政局不稳的国家的政府债券。股票没有还本要求，普通股股息也不固定，但也有信用风险。

（2）经营风险。指公司的决策人员与管理人员在经营管理过程中出现失误而导致公司盈利水平变化，从而使投资者预期收益有下降可能。

（3）财务风险。指公司财务结构不合理、融资不当而导致投资者预期收益下降的风险。

查看风险识别案例提高风险意识

实训四
行情软件下载及使用技巧

➤ **实训目的**

熟悉目前主要的几种证券软件；从网站上下载和安装软件，并能进行简单的行情查询。

➤ **实训内容**

1. 了解几种不同的证券软件。

2. 证券软件的下载。

3. 查看股票当日走势以及历史走势。

➤ **实训步骤**

一、证券软件及其下载

目前，证券软件比较普及，很多证券公司网站都提供免费的、支持网络传输证券交易即时行情信息的证券交易软件下载服务，投资者可以根据自己的喜好选择一个合适的证券公司网站，下载免费的证券软件。证券软件包括网上交易软件、行情分析软件和手机炒股软件，网上交易软件应根据开户证券公司来进行选择，而行情分析软件和手机炒股软件可以根据个人习惯来进行选择。目前比较常用的行情分析软件有同花顺、通达信、大智慧、钱龙等。

以同花顺为例，在同花顺公司网站下载和安装证券软件，其具体操作步骤如下：

第一步，登录同花顺网站（http://www.10jqka.com.cn/），点击左上角"软件下载"；

图 4-1　下载页面

第二步，进入下载页面后，点击"免费下载"（如图 4-1），经保存、运行后界面出现如图 4-2 的图标。

图 4-2　图标

之后双击该图标，再点击"游客登录"（如图 4-3），即可进入行情软件系统（如图 4-4）。

图 4-3　登录页面

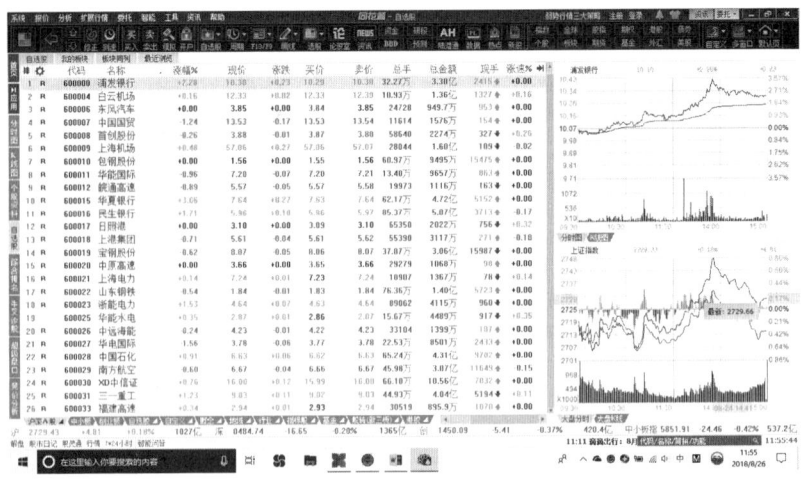

图 4-4　行情页面

二、查看股票行情

证券软件下载安装之后，即可进入证券软件系统查看股票的具体行情。需要查看某股票的即时行情，可以双击该股票，便出现该股票分时走势情况。

1. 分时走势图

分时走势图也叫即时走势图，它是把股票市场的交易信息实时地用曲线在坐标图上加以显示的技术图形。以"浦发银行"为例，如图 4-5 所示，即为浦发银行股票的分时图，分时图分为上下两个部分，上半部分为个股当天的实时走势图，下半部分则为实时的成交量，其构成如下：

横坐标：交易的时间，9:30—11:30，13:00—15:00

纵坐标：左边为股价或指数，右边为相应的涨跌幅度；

柱状体：下半部分显示的是每分钟的成交量，以手为单位。

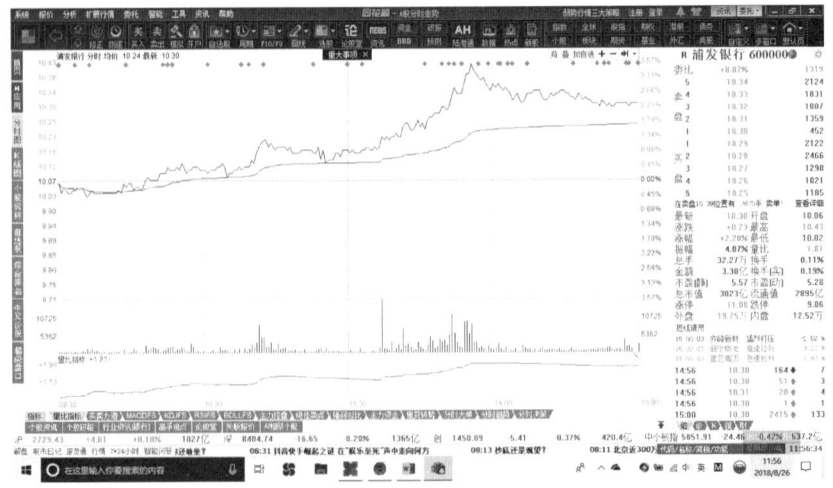

图 4-5　浦发银行分时图

2. K线图

从分时走势图，我们可以看到个股当天的走势，而K线图则告诉我们该股自上市以来的历史走势。K线图由三部分组成，如图4-6所示，即为浦发银行股票的K线图，上面部分为K线，中间部分柱状体为对应的成交量，最下面部分为指标。

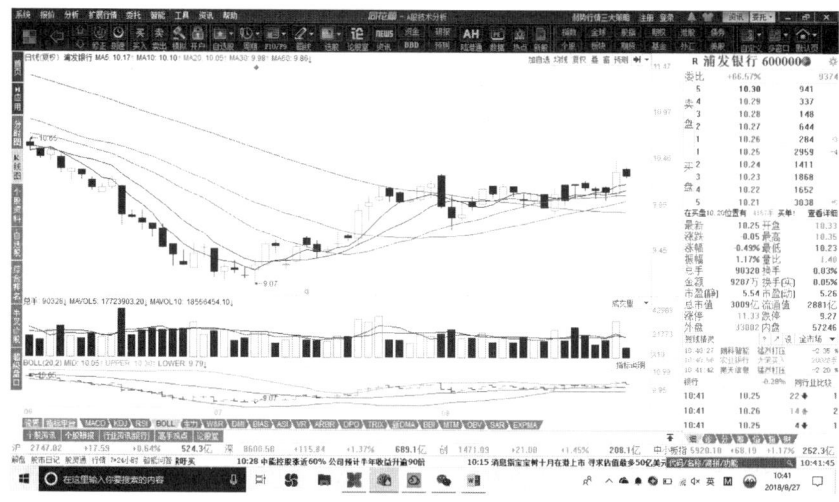

图4-6　K线图

3. 证券软件常用功能键

在初步熟悉分时图和K线图之后，可以进一步了解证券软件的一些数字功能键如61、63、81、83等和操作功能键F1、F2、F3、F4、F5、F6、F8、F10等的相关含义。可以直接在证券软件界面上输入上述功能键来熟悉具体的含义。

61、63一般是指沪A、深A涨幅排名；81、83分别是指沪A、深A综合排名。F1、F2是在个股分时图基础上使用的，分别表示分时成交明细和分价情况；F3、F4分别表示上证指数和深证指数；F5是分时图和K线图类型的切换键；F6是自选功能键；F8是切换不同周期K线的功能键；F10则是用来查看个股基本资料的。

以F10功能键为例，如果要查看某股票的财务、经营等基本资料，则可以在某股票的界面上点击F10，即可出现如图4-7所示界面。

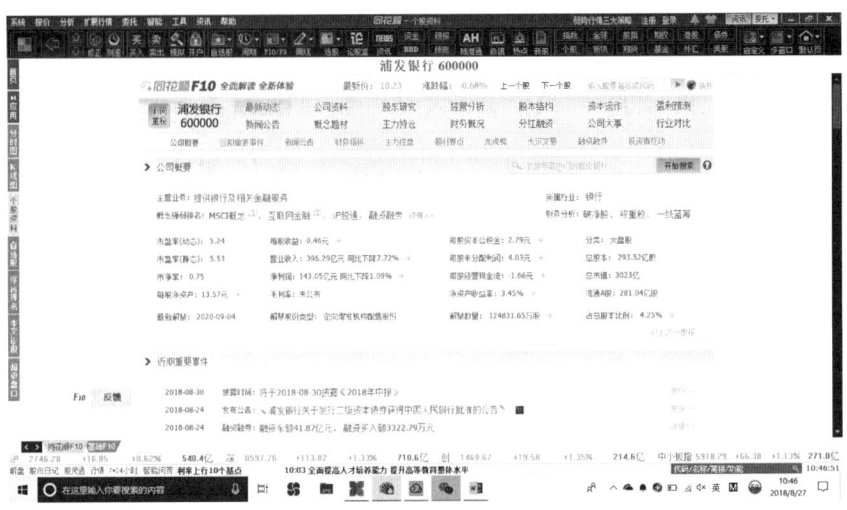

图 4-7　个股基本资料

之后，即可以根据该图上端的栏目选择所需的内容。（如图 4-8）

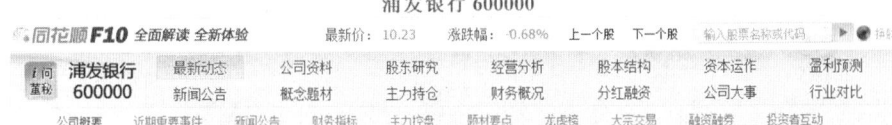

图 4-8　个股基本资料工具栏

通过功能键 F10 查看到相应的资料，投资者可以根据这些资料结合自身的分析来对该股票进行具体的投资判断。（见表 4-1，4-2）

表 4-1　常用快捷键

F1	成交明细	F7	个股全景
F2	价量分布	F8	分析周期
F3（03）	上证大盘	F9	消息中心
F4（04）	深证大盘	F11	基本资料
F5（05）	切换分时、K 线	F10（10）	看公司资讯
F6（06）	看自选股	F12	委托下单

表 4-2　行情报价快捷键

00+Enter	沪深领先指数	80+Enter	沪深 A 股综合排名
03+Enter（F3）	上证领先	81+Enter	上海 A 股综合排名
04+Enter（F4）	深证领先	82+Enter	上海 B 股综合排名
1+Enter	上海 A 股行情报价	83+Enter	深圳 A 股综合排名
2+Enter	上海 B 股行情报价	84+Enter	深圳 B 股综合排名
3+Enter	深圳 A 股行情报价	802+Enter	中小板综合排名

4+Enter	深圳B股行情报价	803+Enter	创业板综合排名
5+Enter	上海债券行情报价	91+Enter	主力大单
6+Enter	深圳债券行情报价	92+Enter	阶段统计
7+Enter	上海基金行情报价	93+Enter	强弱分析
8+Enter	深圳基金行情报价	94+Enter	板块分析
9+Enter	香港证券行情报价	95+Enter	指标排行
002+Enter	中小板行情报价	300+Enter	创业板行情报价

➤ **实训要求**

1. 按实训内容进行具体操作。

2. 写出完整的实训报告。

实训五
股票开户和交易

➤ **实训目的**

➤ **实训目的**

熟悉股票开户流程，掌握股票交易规则，能进行模拟交易。

➤ **实训内容**

利用模拟炒股软件，开立模拟交易账户，并买卖股票。

➤ **实训步骤**

一、开立账户

投资者要投资股市，需要开立证券账户卡（股东卡）和资金账户后方可进行股票交易。（见图 5-1）

步骤 1：在证券公司填写开户申请表。

个人开立证券账户需要携带本人身份证，填写自然人证券账户注册申请表。

每一个身份证只能开立一个上海证券账户和深圳证券账户，经工作人员确认无误后，即可领取 A 股证券账户卡。

步骤 2：在银行开立资金账户。

资金账户类似于银行的活期存折，投资者可以随时提取存款，也可以获得活期存款的利息。提供本人的证券账户卡（股东卡）及有效身份证明文件，到银行填写个人开户申请表。经银行工作人员确认无误后，即可领取 A 股资金账户卡。

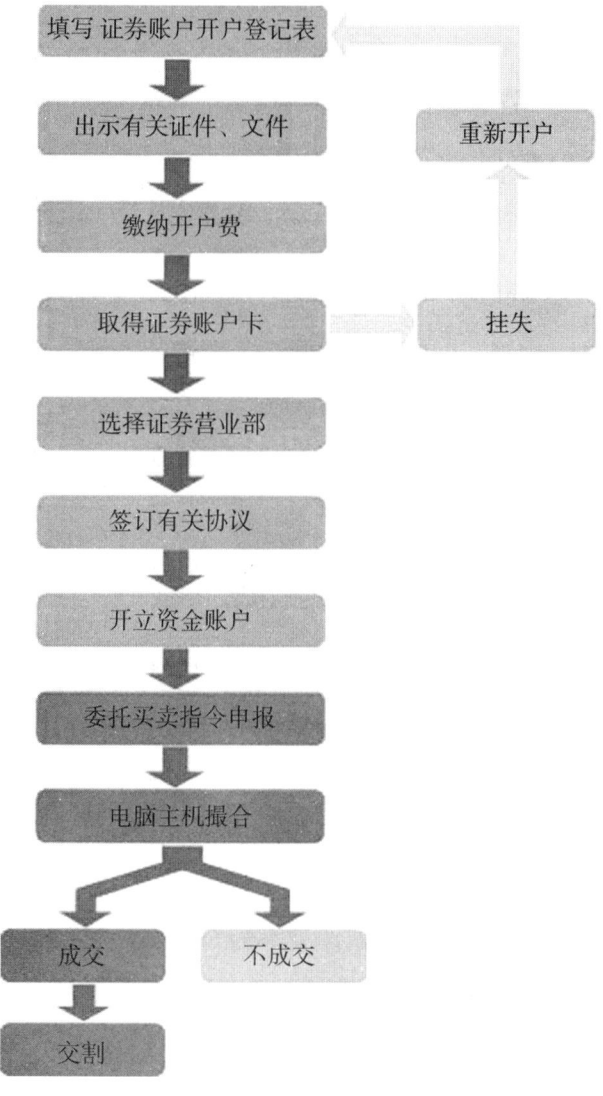

图5-1 证券开户和交易流程

除此之外，通过手机端 APP 也可以方便快速开户。下载同花顺 APP，点击"股票开户"（如图5-2）；选择券商，点击"开户"（如图5-3），按照提示操作即可进行开户。

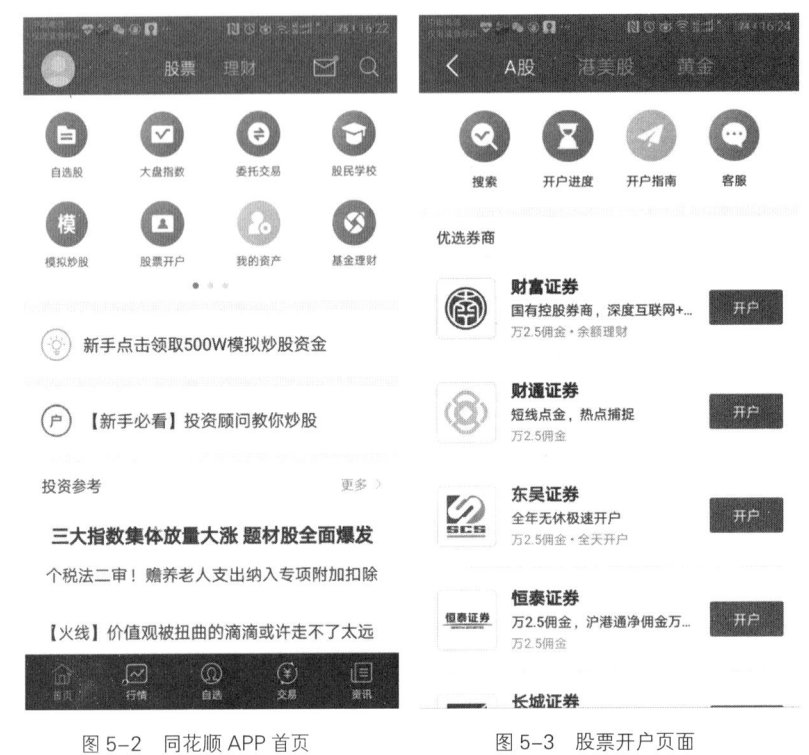

图 5-2　同花顺 APP 首页　　　　图 5-3　股票开户页面

二、模拟交易

模拟炒股软件众多，可以选择的有同花顺模拟炒股、新浪模拟炒股、网易模拟炒股等，同花顺软件还提供了模拟炒股大赛，可以利用该平台进行班级、校园或更大范围的模拟炒股大赛。

以同花顺模拟交易（网页版）为例，步骤如下：

（1）登录模拟炒股页面。在同花顺模拟炒股首页（网址为 http://moni.10jqka.com.cn/）按照提示注册账号后（如图 5-4）即可登录。

（2）模拟交易。登录以后，出现交易页面（如图 5-5），点击相应的"买入""卖出"功能，就可以进行股票的模拟交易。

图 5-4　模拟交易账号注册和登录页面

图 5-5　模拟交易页面

　　如果用手机 APP 进行模拟交易，则按以下步骤进行：

　　（1）打开手机 APP 同花顺，选择"模拟炒股"，进入登录页面（如图 5-6），输入账号密码。

　　（2）进入模拟交易页面后，可以通过"买入""卖出"等来进行买卖个股（如图 5-7），例如，买入个股，只要输入个股代码和数量即可（如图 5-8）。也可以通过"查询"等功能来查看个股成交情况，"撤单"功能则可以撤销刚才委托的交易，"持仓"页面显示的是目前已经买入的个股情况。

图 5-6 登录页面　　　　　　图 5-7 模拟交易页面

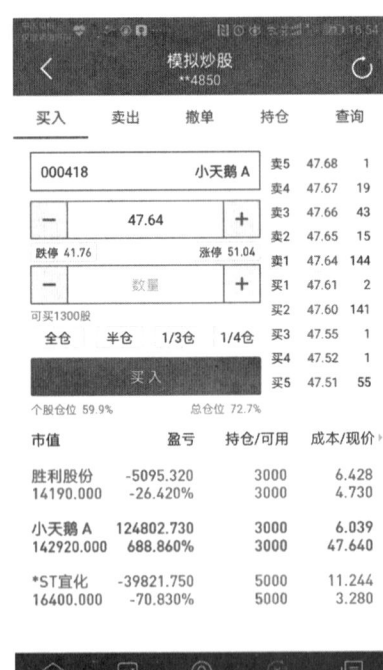

图 5-8 模拟买入页面

一、A 股交易规则

股票交易包括很多方面，上海证券交易所和深圳证券交易所都规定，交易日为每周一至周五。国家法定假日和证券交易所公告的休市日，证券交易所市场休市。

（一）交易时间

周一至周五（法定休假日除外）

9：30—11：30，13：00—15：00

（二）竞价成交

1. 竞价原则

价格优先、时间优先。价格较高的买进委托优先于价格较低的买进委托，价格较低的卖出委托优先于较高的卖出委托；同价位委托，则按时间顺序优先。

2. 竞价方式

9：15—9：25 进行开盘集合竞价（集中一次处理全部有效委托）；9：30—11：30、13：00—14：57 进行连续竞价（对有效委托逐笔处理），14：57—15：00 进行收盘集合竞价。

3. 集合竞价

是指对一段时间内接收的买卖申报一次性集中撮合的竞价方式。以我国竞价交易制度为例，集合竞价时成交价格的确定原则是：①在有效价格范围内选取成交量最大的价位；②高于成交价格的买进申报与低于成交价格的卖出申报全部成交；③与成交价格相同的买方或卖方至少一方全部成交。两个以上价位符合上述条件的，上海证券交易所规定使未成交量最小的申报价格为成交价格。若仍有两个以上申报价格符合条件，取其中间价为成交价格。深圳证券交易所取距前收盘价最近的价位为成交价。集合竞价的所有交易以同一价格成交。集合竞价未成交的部分，自动进入连续竞价。

4. 连续竞价

是指对申报的每一笔买卖委托，由电脑交易系统按照以下两种情况产生成交价：最高买进申报与最低卖出申报相同，则该价格即为成交价格；买入申报高于卖出申报时，申报在先的价格即为成交价格。连续竞价时，成交价格的确定原则为：①最高买入申报和最低卖出申报价格相同，以该价格成交；②买入申报价格高于即时揭示的最低卖出申报价格时，以即时揭示的最低卖出申报价格为成交价格；③卖出申报价格低于即时揭示的最高申报买入价格时，以即时揭示的最高申报买入价格为成交价。

（三）交易单位

股票的交易单位为"股"，100 股＝1 手，委托买入数量必须为 100 股或其整数倍；当委托数量不能全部成交或分红送股时可能出现零股（不足 1 手的为零股），零股只能委托卖出，不能委托买入零股。

（四）报价单位

股票以"股"为报价单位，例：行情显示"建设银行"4.65 元，即"建设银行"股现价 4.65 元 / 股。

交易委托价格最小变动单位为人民币 0.01 元。

（五）涨跌幅限制

在一个交易日内，除首日上市证券外，每只证券的交易价格相对上一个交易日收市价的涨跌幅度不得超过 10%，超过涨跌限价的委托为无效委托。ST 类股票涨跌幅限制为 5%。

（六）T+1 交易制度

在我国，股票交易实行 T+1 制度，即当日买入的股票，在下一个交易日方可卖出。

A 股的交收制度为 T+1，当天卖出股票返还的资金可当天买进股票，即资金的 T+0 回转，但提取当天卖出股票返还的资金需等到第二个交易日。

看盘交易技巧：

（1）关注集合竞价的股价和成交额，在开盘时要先看集合竞价的股价和成交额，看是高开还是低开，也就是说和昨天的收盘价相比当前的股票价格是高了还是低了。它显示出市场的意愿，预期今天的股价是上涨还是下跌。

（2）关注开盘后半小时内股价变动的方向，一般来说，如果股价开得太高，在半小时内就可能会回落；如果股价开得太低，在半小时内就可能会回升。这时要看成交量的大小，如果高开又不回落，而且成交量放大，那么这个股票就很可能要上涨。

二、港股交易规则

（一）交易时间

港股交易时间在周一到周五，周六周日和公众假日休市。另外，港股交易时间包括开市前时段、早市、午市、收市竞收四个时间段，具体如下：

（1）开市前时段：9：30—10：00。

（2）早市和午市，该时间段为真正的港股交易时间，共有 4 个小时。

早市：10：00—12：30

午市：14：30—16：00；

（3）收市竞收时段：16：00—16：10。

（二）交易规则

1. 实时 T+0 交易

港股买卖可做T+0回转交易，即可以当天买卖，且次数不受限制。对于列入可以沽空名单的股票（如大型蓝筹股），更可以先卖后买。

2. 实行 T+2 交收

港股实行T+2交收，实际交收时间为交易日之后第二个工作日（T+2）；在T+2之前，客户不能提取现金、实物股票及进行买入股份的转托管。

3. 所有交易品种均不设涨跌板限制

港股一个交易日内股价波动幅度从制度上没有限制。港股历史上不止一次出现过大盘指数大幅波动过千点、幅度超过10%，因公司突发消息引起的股价大涨大跌更是司空见惯，几乎每天都有涨跌30%甚至更多的股票。

三、沪港通和深港通

2014年4月10日，中国证券监督管理委员会和香港证券及期货事务监察委员会发布《中国证券监督管理委员会香港证券及期货事务监察委员会联合公告》，决定原则批准上海证券交易所、香港联合交易所有限公司、中国证券登记结算有限责任公司、香港中央结算有限公司开展沪港股票市场交易互联互通机制试点。

沪港通，即沪港股票市场交易互联互通机制，指两地投资者委托上交所会员或者联交所参与者，通过上交所或者联交所在对方所在地设立的证券交易服务公司，买卖规定范围内的对方交易所上市股票。沪港通包括沪股通和港股通两部分。

沪股通，是指投资者委托联交所参与者，通过联交所证券交易服务公司，向上交所进行申报，买卖规定范围内的上交所上市股票。港股通，是指投资者委托上交所会员，通过上交所证券交易服务公司，向联交所进行申报，买卖规定范围内的联交所上市股票。中国证券登记结算有限责任公司、香港中央结算有限公司相互成为对方的结算参与人，为沪港通提供相应的结算服务。（如图5-9，5-10）

图 5-9　港股通股票名单

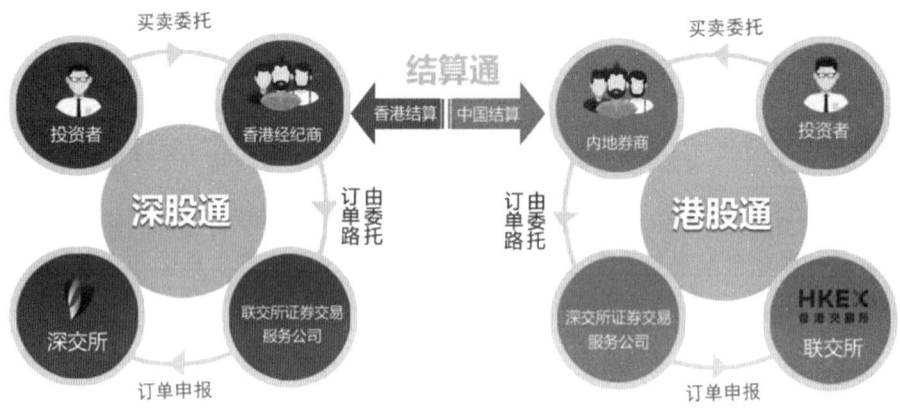

图 5-10　港股通结算示意图

　　沪港通对个人投资者的投资门槛是证券账户及资金账户内的资产在申请权限开通前 20 个交易日日均不低于人民币 50 万元，其中不包括通过融资融券交易融入的资金和证券。

　　深港通。深港通是"深港股票市场交易互联互通机制"的简称，是指深交所和香港联合交易所有限公司（下称"联交所"）建立技术连接，使两地投资者通过当地证券公司或经纪商买卖规定范围内的对方交易所上市的股票。2016 年 12 月 5 日，深港通正式启动，港交所行政总裁李小加在深港通开通仪式上指出，如果沪港通是展开互联互通的第一步，现时深港通开通则为第二步。

四、沪伦通

沪伦通于 2019 年 6 月启动，是指上海证券交易所与伦敦证券交易所的互联互通机制。初期从存托凭证起步。存托凭证是由存托人签发，以境外证券为基础在境内市场发行，代表境外基础证券权益的证券。沪伦通存托凭证业务包括东西两个业务方向。东向业务是指符合条件的伦交所上市公司在上交所主板上市中国存托凭证（简称 CDR）。西向业务是指符合条件的上交所的 A 股上市公司在伦交所主板发行上市全球存托凭证（简称 GDR）。

实训六
大盘指数分析与操作

➤ **实训目的**

熟悉我国沪深两市主要指数，能用大盘指数判断各个市场行情总体走势。

➤ **实训内容**

1. 查看大盘分时图，分析今日上证指数、深圳指数、香港恒生指数以及美股的走势。

2. 查看A股大盘K线图，分析指数的历年走势。

➤ **实训步骤**

一、查看大盘分时走势图

上证指数的分时图是每分钟的价格连线，用来反映当天的指数走势。（如图 6-1）

（1）白色曲线。表示大盘加权指数，即证交所每日公布媒体时常说的大盘实际指数。

（2）黄色曲线。大盘不含加权的指数，即不考虑股票盘子的大小，而将所有股票对指数影响看作相同而计算出来的大盘指数。

参考白黄二曲线的相互位置可知：当大盘指数上涨时，黄线在白线之上，表示流通盘较小的股票涨幅较大；反之，黄线在白线之下，说明盘小的股票涨幅落后大盘股。当大盘指数下跌时，黄线在白线之上，表示流通盘较小的股票跌幅小于盘大的股票；反之，盘小的股票跌幅大于盘大的股票。

（3）红绿柱线。在红白两条曲线附近有红绿柱状线，是反映大盘即时所有股票的买盘与卖盘在数量上的比率。红柱线的增长减短表示上涨买盘力量的增减；绿柱线的增长缩短表示下跌卖盘力度的强弱。

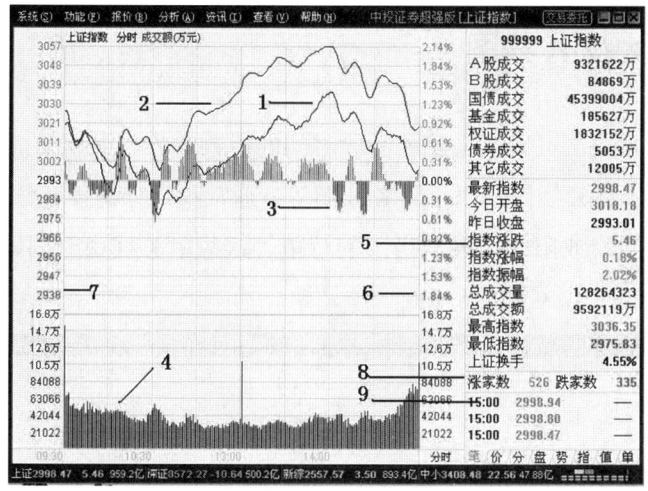

图 6-1　上证指数分时走势图

（4）黄色柱线。在红白曲线图下方，用来表示每一分钟的成交量，单位是手（每手等于 100 股）。

（5）即时报价。最新指数表示当前的指数数值，还显示到目前时点的指数涨跌幅，成交量等信息。

（6）百分比表示的数轴线。

（7）绝对数字表示的数轴线。

（8）显示上涨家数和下跌家数。这个信息很重要。如果上涨家数要远远多于下跌家数，那么整个市场总体应该是上涨的，如果这时指数反而下跌，说明指数可能由于个别大盘股下跌所导致。可配合指数来判断市场的情况。

（9）即时成交显示。软件中，点击上方工具栏"报价"，即可查看沪深所有指数。如果要查看美股甚至全球重要指数，则点击"扩展行情"选择美股或者全球指数，就可以完成操作。

查看港股美股及全球指数走势

二、查看大盘 K 线图

上证指数的 K 线图可以用来反映一段时间的指数走势。根据分析周期可以分为日 K 线图，周 K 线图、月 K 线图和每小时 K 线图等，通常我们分析日 K 线图。日 K 线图是每天用一根 K 线（阴线或阳线）表示当天的行情，这些单 K 线由时间顺序从左到右排列，最右的是最近的交易日。（如图 6-2）

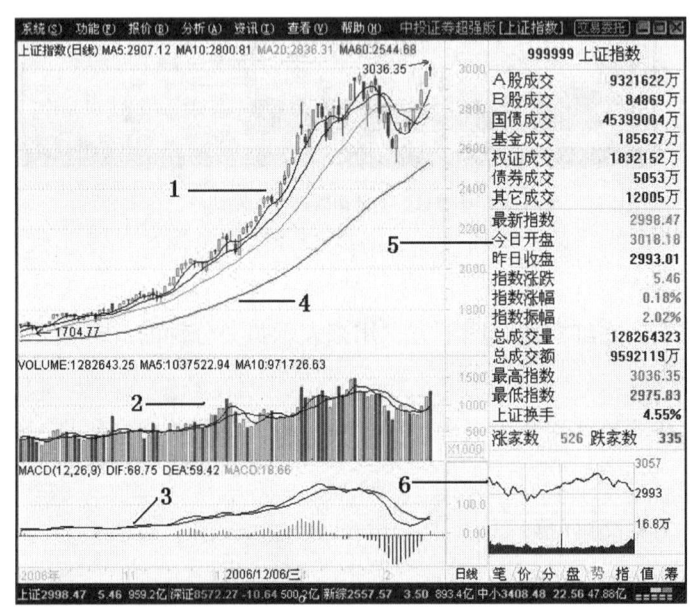

图 6-2　上证指数 K 线图

（1）K 线图。由阴线和阳线组成的价格走势图。红色烛线表示阳线，一般表示当天上涨；蓝色烛线表示阴线，一般表示当天下跌。操作快捷键见表 6-1。

（2）成交量。对应上面的 K 线图，表示当天的成交量，单位是手，柱形越高表示当天的交易量越大。

（3）技术指标线。可以用来分析股票未来价格走势，有多种指标，在技术指标中详解。

（4）价格均线。即平均价格的连线。根据周期不同，可以分 5 天、10 天、20 天、60 天等多条均线。

（5）当天即时价格信息。

（6）当天指数分时图。

表 6-1 K 线图的操作快捷键

键盘按键	功能	键盘按键	功能
Enter	（K 线页面）切换键	33+Enter	15 分钟 K 线
Ctrl+Enter	历史分时（在 K 线窗口）	34+Enter	30 分钟 K 线
左键双击	历史分时（在 K 线窗口）	35+Enter	60 分钟 K 线
05+Enter（F5）	分时走势	36+Enter	日 K 线
01+Enter（F1）	历史成交	37+Enter	周 K 线
07+Enter（F7）	个股全景	38+Enter	月 K 线
08+Enter（F8）	切换分析周期	39+Enter	季 K 线
10+Enter（F10）	公司资讯	310+Enter	年 K 线
11+Enter（F11）	基本资料	SPACE	鼠标当前位置信息地雷内容
Ctrl+Q	向前复权	↓	缩小 K 线
Ctrl+B	向后复权	↑	放大 K 线
Alt+1	一图组合	Ctrl+ →	光标快速右移 10 个周期
Alt+2	二图组合	Ctrl+ ←	光标快速左移 10 个周期
Alt+3	三图组合	Ctrl+Alt+ →	光标快速右移 30 个周期
Alt+4	四图组合	Ctrl+PageUP	向上翻页时向主站重新请求数据
Alt+5	五图组合	Ctrl+PageDown	向下翻页时向主站重新请求数据
Alt+6	六图组合	Home、End	定位光标到分时窗口最左、最右
Alt+9	九图组合	右键选择区域	区间统计（与 K 线放大）

➤ **知识链接**

一、什么是大盘指数

大盘指数是由证券交易所或金融服务机构编制的表明股票价格变动的一种供参考的指示数字。由于股票价格起伏无常，投资者必然面临市场价格风险。对于具体某一种股票的价格变化，投资者容易了解，而对于多种股票的价格变化，要逐一了解，既不容易，也不胜其烦。投资者根据股票指数的变动就可以了解股票市场的整体走势，并用以预测股票市场的动向。图 6-3、图 6-4 分别反映了我国上证指数和美国道琼斯工业平均指数从 2019 年 1 月至 4 月这段时间的走势，反映了两市交易所上市股票的总体走势，从指数来看，无论是上证指数还是美国的道琼斯工业平均指数都经历了较大幅度上涨，投资者普遍获利。

指数的样本股会进行定期调整。比如深证成分指数的样本考察期为半年，考察截止日为每年的 4 月 30 日和 10 月 31 日；样本股定期调整定于每年 1 月和 7 月的第一个交易日实施，通常在前一年的 12 月和当年 6 月的第二个完整交易周的第一个交易日提前公布样本调整方案。

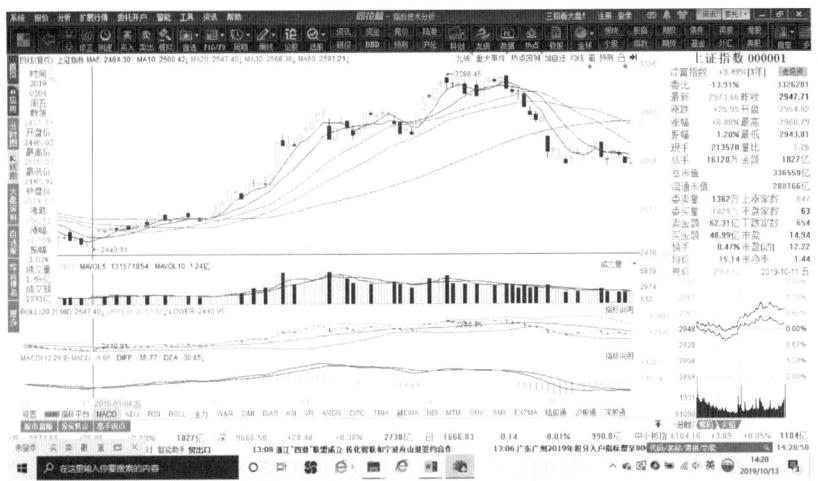

图6-3　2019年1月至2019年4月上证指数走势

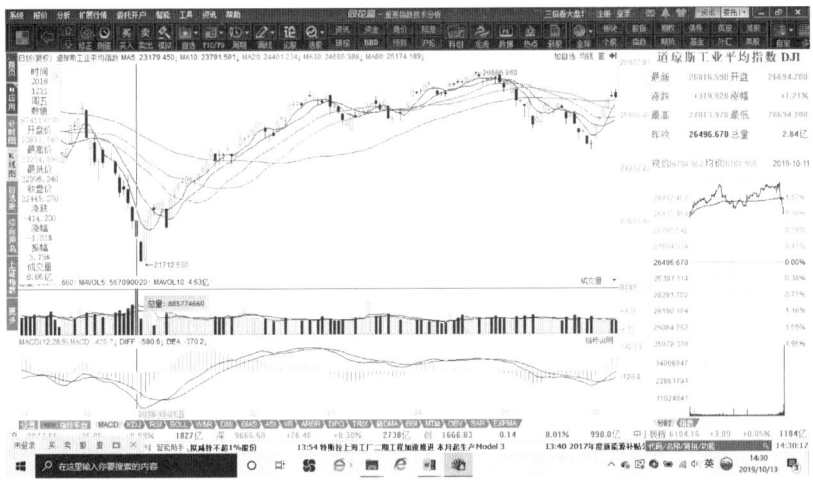

图6-4　2019年1月至2019年4月美国道琼斯工业平均指数

如何查看所有指数及其详细信息

二、沪深两市主要指数

我国主要的股票价格指数包括以下几类。

（一）上海证券交易所的股价指数

从 1990 年到 2018 年，上交所从最初的 8 只股票、22 只债券，发展为拥有 1450 家上市公司、1493 只股票、27 万亿元股票市值的股票市场，拥有 1.2 万只债券现货，总托管市值 8.4 万亿元的债券市场，拥有 ETF、LOF 等多品种共 233 只产品的基金市场，以及拥有上证 50ETF 期权的衍生品市场。近年来股票市场持续壮大，股票衍生品市场初步建立，债券市场渐进发展，基金市场稳步推进。上交所已初步形成了覆盖股票、衍生品、债券、基金等品种的产品体系，成为跨期现市场的综合性交易所。

为适应上海证券市场的发展格局，上交所建立了以上证综指、上证 50、上证 180、上证 380，以及上证国债、上证企债和上证基金等指数为核心的上证指数体系（如图 6-5），科学表征了上海证券市场层次丰富、行业广泛的市场结构，提高了市场流动性和有效性。上证指数体系增强了样本企业知名度，也为市场参与者提供更多维度、更专业的交易品种和投资方式。

指数名称	指数代码	基准日期	基准点数	成份股数量	成份股总股本数(亿股)
上证指数	000001	1990-12-19	100	1537	42685.90
A股指数	000002	1990-12-19	100	1493	42525.34
B股指数	000003	1992-02-21	100	44	160.57
上证380	000009	2003-12-31	1000	380	6678.30
上证180	000010	2002-06-28	3299.06	180	24483.41
上证50	000016	2003-12-31	1000	50	13809.54
新综指	000017	2005-12-30	1000	1492	40539.69
中型综指	000020	2007-12-28	1000	485	2038.90
超大盘	000043	2003-12-31	1000	20	6196.77
上证中盘	000044	2003-12-31	1000	130	10673.87
上证小盘	000045	2003-12-31	1000	320	7753.47

图 6-5　上证指数系列

上交所将根据发展股票市场、债券市场、基金市场和衍生品市场的战略目标，不断丰富和完善上证指数体系，巩固上证指数的市场品牌地位，发挥上交所作为我国经济晴雨表的作用，积极促进中国资本市场的建设。

（二）深圳证券交易所的股价指数

1. 成分指数类

包括深证成分股指数、深证 100 指数。其中深圳成分股指数是指在深圳证券交易所挂牌的全部股票中抽取具有代表性的 40 家上市公司为计算对象，以流通股权为权数计算得出的加权股价指数。

2. 综合指数类

包括深证综合指数、深证 A 股指数、深证 B 股指数、行业分类指数、中小板综合指数、创业板综合指数和深证新指数。该指数以 1991 年 4 月 3 日为基期。其计算方法同上证指数相同，其样本为所有在深圳证券交易所挂牌上市的股票，权数为股票的总股本。由于以所有挂牌的上市公司为样本，其代表性非常广泛，且与深圳股市的行情同步发布，它是股民和证券从业人员研判深圳股票市场价格变化趋势必不可少的依据。

深交所于 2005 年 12 月 1 日正式推出中小板指数，中小板指数是以在中小企业板上市的全部正常交易的股票为计算范围，以最新自由流通股为权数计算的加权综合指数。（如图 6-6）

指数代码	指数名称	基日	基日指数	起始计算日
399001	深证成份指数	1994-07-20	1000	1995-01-23
399002	深证成指R	1994-07-20	1000	1995-01-23
399003	成份B股指数	1994-07-20	1000	1995-01-23
399004	深证 100指数	2002-12-31	1000	2003-01-02
399005	中小板指数P	2005-06-07	1000	2006-01-24
399006	创业板指数P	2010-05-31	1000	2010-06-01
399007	深证300价格	2004-12-31	1000	2009-11-04
399008	中小板300P	2010-03-19	1000	2010-03-22
399009	深证200指数	2004-12-31	1000	2011-09-01
399010	深证700指数	2004-12-31	1000	2011-09-01
399011	深证1000指数	2004-12-31	1000	2011-09-01
399012	创业板300	2012-06-29	1000	2013-01-07
399013	深市精选指数	2004-12-31	1000	2014-05-30
399015	中小创新指数	2011-12-30	1000	2015-03-24
399016	深证创新指数	2012-12-31	1000	2016-12-01

图 6-6　深圳指数系列

1. 成分指数类

包括上证成分股指数、上证 50 指数、上证 380 指数。上证成分指数（简称上证 180 指数）是上海证券交易所对原上证 30 指数进行了调整并更名而成的，其样本股是在所有 A 股股票中抽取最具市场代表性的 180 种样本股票，自 2002 年 7 月 1 日起正式发布。作为上证指数系列核心的上证 180 指数的编制方案，目的在于建立一个反映上海证券市场的概貌和运行状况、具有可操作性和投资性、能够作为投资评价尺度及金融衍生产品基础的基准指数。

2. 综合指数类

包括上证综合指数、新上证综合指数。上证综合指数的样本股是全部上市股票，包括 A 股和 B 股，从总体上反映了上海证券交易所上市股票价格的变动情况，自 1991 年 7 月 15 日起正式发布。

重点指数及样本表现见表 6-2。

表 6-2　重点指数及样本表现

指数名称	指数代码	收盘	成交额（亿元）	平均股本（亿股）	静态市盈率
上证 180	000010	8883.78	862.75	135.25	12.6
上证 50	000016	3043.09	457.38	332.88	11.66
上证 380	000009	4976.18	552.83	15.63	18.92
上证 100	000132	5706.32	132.92	13.62	17.78
上证 150	000133	4248.31	119.22	4.06	36.29
上证综指	000001	3074.08	2373.2	25.14	14.81
上证 B 股	000003	258.14	1.34	3.25	9.07
上证国债	000012	177.73	3.71	N/A	N/A
上证基金	000011	6515.6	267.38	N/A	N/A
上证企债	000013	239.35	8.37	N/A	N/A

样本均价：市价总值／发行股本
平均股本（亿股）：总股本／期末样本数
静态市盈率：市价总值／上年度年报净利润（除亏损股）

（三）中证指数有限公司旗下指数

（1）沪深 300 指数。沪深 300 指数由沪深 A 股中规模大、流动性好、最具代表性的 300 只股票组成，于 2005 年 4 月 8 日正式发布，以综合反映沪深 A 股市场整体表现。沪深 300 指数是内地首只股指期货的标的指数，被境内外多家机构开发为指数基金和 ETF 产品，跟踪资产在 A 股股票指数中高居首位。

（2）中证规模指数。包括中证 100、中证 200、中证 500、中证 700、中证 800、中证

1000、中证流通、中证超大、中证全指、中证 A 股指数。

中证 100 指数由沪深 300 指数成份股中规模最大的 100 只股票组成，综合反映中国 A 股市场中最具市场影响力的一批超大市值公司的股票价格表现。

（四）香港和台湾的主要股价指数

包括恒生指数、恒生综合指数系列、恒生流通综合指数系列、恒生流通精选指数系列、台湾证券交易所发行量加权股价指数。

恒生指数（Hang Seng Index，HSI），是由香港恒生银行全资附属的恒生指数服务有限公司编制的指数。入选样板股为香港股票市场 33 家上市公司，是以发行量为权数的加权平均股价指数，为香港股票市场最有影响的指数。

国企指数，又称 H 股指数，全称是恒生中国企业指数。也是由香港恒生指数服务有限公司编制和发布的。该指数以所有在联交所上市的中国 H 股公司股票为成分股计算得出加权平均股价指数。国企指数于 1994 年 8 月 8 日首次公布，以上市 H 股公司数目达到 10 家的日期，即 1994 年 7 月 8 日为基数日，当日收市指数定为 1000 点。

台湾加权股价指数简称"台湾加权指数"（TAIEX），是由台湾证券交易所所编制的股价指数，采样样本为所有挂牌交易中的普通股。发行量加权股价指数的特色是股本较大的股票对指数的影响会大于股本小的股票，1966 年平均数为基期，基期指数设定为 100。

实训七
个股行情分析与操作

> **实训目的**

熟悉个股盘面信息，能查找上市公司基本信息并作简要分析和判断，熟练个股分时走势图及K线图的操作。

> **实训内容**

1. 选择一只个股，查看分时走势图预测该股今日走势。

2. 查看该股K线图，说明自上市以来该股的行情走势。

3. 分析该股票的基本信息，包括主营业务、近一年股东人数变化以及主要财务指标及公司行业排名。

> **实训步骤**

一、查看个股分时走势图

直接输入股票代码或拼音简称或股票名称拼音的首字母，按"回车"键（如图7-1）。再通过快捷键进入个股明细（见表7-1）。个股的分时图是每分钟的价格连线，用来反映当天的价格走势（如图7-2）。

图 7-1　个股查询方法

表 7-1　主要快捷键

键盘按键	功能
F1 或 01	切换到股票的成交明细表
F2 或 02	切换到股票的分价表
F3 或 03	切换到上证领先指标
F4 或 04	切换到深圳领先指标
F5 或 05	个股分时图与 K 线图之间的切换
F10 或 10	切换到股票的基本面资料

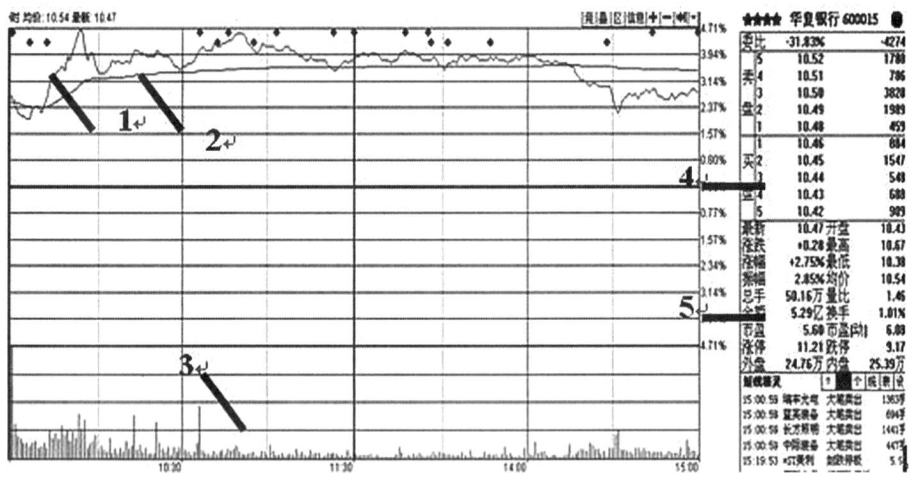

图 7-2　个股分时走势图

（1）白线表示每分钟成交价格的连线。

（2）黄线表示每分钟均价的连线。

（3）每一柱线表示每分钟的成交量。

（4）委托盘显示。其中买 1—买 5 按价格从高到低排序，右边黄色数字表示对应报价的买入数量，单位为手，买 1 表示当前的最高买入报价。卖 1—卖 5 按价格从低到高排序，右边黄色数字表示对应报价的卖出数量，单位为手，卖1表示当前的最低卖出报价。

（5）盘中即时交易信息。包含目前的成交价格、涨跌幅、内盘外盘等。

二、盘口信息

1.买卖盘队列

图7-3所示为个股的盘口交易队列，按照价格优先和时间优先原则，交易所电脑自动对所有委托买卖指令进行排队，如买1，10.46，884，即为买盘中第一优先买入价格为10.46元，数量为884手。

2.委比

股票分析中的委比，就是用以衡量一段时间内买卖盘相对强度的指标。

其计算公式为：

委比＝［（委买手数－委卖手数）÷（委买手数＋委卖手数）］×100%

委买手数：现在所有个股委托买入下三档之手数相加之总和。

委卖手数：现在所有个股委托卖出上三档之手数相加之总和。

★★★★ 华夏银行 600015 ●		
委比	-31.83%	-4274
卖 5	10.52	1788
卖 4	10.51	786
盘 3	10.50	3828
盘 2	10.49	1989
1	10.48	459
买 1	10.46	884
买 2	10.45	1547
盘 3	10.44	548
盘 4	10.43	688
5	10.42	909
最新	10.47	开盘 10.43
涨跌	+0.28	最高 10.67
涨幅	+2.75%	最低 10.38
振幅	2.85%	均价 10.54
总手	50.16万	量比 1.46
金额	5.29亿	换手 1.01%
		市盈 5.60 市盈(动) 6.08
涨停	11.21	跌停 9.17
外盘	24.76万	内盘 25.39万

图7-3　盘口信息

委比值变化范围为＋100%至-100%。当委比值为正值并且委比数大，说明市场委托买盘强劲；当委比值为负值并且负值大，说明市场委托抛盘较强；委比值从-100%至＋100%，说明买盘逐渐增强，卖盘逐渐减弱的一个过程。相反，从＋100%至-100%，说明买盘逐渐减弱，卖盘逐渐增强的一个过程。

3.内盘与外盘

内盘：以买入价成交的交易，买入成交数量统计加入内盘。

外盘：以卖出价成交的交易，卖出成交数量统计加入外盘。

通过外盘、内盘数量的大小和比例，投资者可以发现主动性的买盘多还是主动性的抛盘多，并在很多时候可能发现庄家动向，是一个较有效的短线指标。但投资者在使用外盘和内盘时，要注意结合股价在低位、中位和高位的成交情况以及该股的总成交量情况，因为外盘、内盘的数量并不是在所有时间都有效。在许多时候外盘大，股价并不一定上涨；内盘大，股价也并不一定下跌。

4. 量比

量比是衡量相对成交量的指标。它是指股市开市后平均每分钟的成交量与过去5个交易日平均每分钟成交量之比。（见表7-2）

其计算公式为：量比 = 现成交总手 / [过去5日平均每分钟成交量 × 当日累计开市时间（分）]。

表7-2　量比及应用

量比数值	含义	应用
0.8 ~ 1.5	正常水平	
1.5 ~ 2.5	温和放量	如果股价也处于温和缓升状态，则升势相对健康，可继续持股；若股价下跌，则可认定跌势难以在短期内结束，从量的方面判断可考虑停损退出。
2.5 ~ 5	明显放量	若股价突破重要支撑或阻力位置，则突破有效的几率颇高，可以相应地采取行动。
5 ~ 10	大幅放量	如果是在个股处于长期低位出现剧烈放量突破，涨势的后续空间巨大，是"钱"途无量的象征；但是，如果在个股已有巨大涨幅的情况下出现如此剧烈的放量，则应高度警惕。
10 ~ 20	剧烈放量	在涨势中出现这种情形，说明见顶的可能性较大，即使不是彻底反转，至少涨势会休整相当长一段时间；在股票处于绵绵阴跌的后期，突然出现巨大量比，说明该股在目前位置彻底释放了下跌势能。
大于20	极端放量	这种情况的反转意义特别强烈，如果在连续的上涨之后，成交量极端放大，但股价出现"滞涨"现象，则是涨势行情即将结束的强烈信号；当某只股票在跌势中出现极端放量，则是建仓的大好时机。

5. 换手率

换手率也称周转率，指在一定时间内市场中股票转手买卖的频率，是反映股票流通性强弱的指标之一。换手率的计算公式为：

换手率 =（某一段时期内的成交量）/（发行总股数）×100%

例如，某只股票在一个月内成交了2000万股，而该股票的总股本为1亿股，则该股票在这个月的换手率为20%。

换手率的高低往往意味着这样几种情况：

（1）股票的换手率越高，意味着该只股票的交投越活跃，人们购买该只股票的意愿越高，属于热门股；反之，股票的换手率越低，则表明该只股票少人关注，属于冷门股。

（2）换手率高一般意味着股票流通性好，进出市场比较容易，不会出现想买买不到、想卖卖不出的现象，具有较强的变现能力。然而值得注意的是，换手率较高的股票，往往也是短线资金追逐的对象，投机性较强，股价起伏较大，风险也相对较大。

（3）将换手率与股价走势相结合，可以对未来的股价做出一定的预测和判断。某只股票的换手率突然上升，成交量放大，可能意味着有投资者在大量买进，股价可能会随之上扬。如果某只股票持续上涨了一段时间后，换手率又迅速上升，则可能意味着一些获利者要套现，股价可能会下跌。

　　以个人投资者为主体的证券市场，换手率往往较高；以基金等机构投资者为主体的证券市场，换手率相对较低。世界各国主要证券市场的换手率各不相同，相差甚远，相比之下，中国股市的换手率位于各国前列。

三、查看个股 K 线图

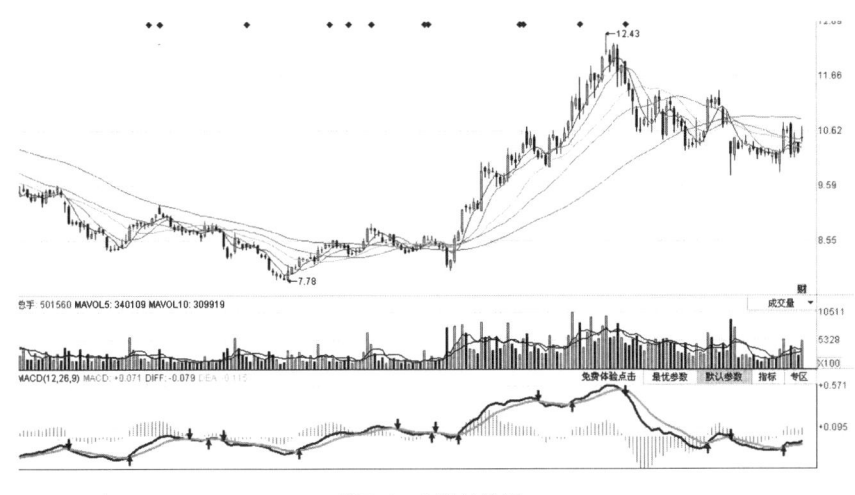

图 7-4　个股 K 线图

　　个股的 K 线图和大盘的 K 线图类似，主要图形界面有 K 线、均线、成交量、技术指标图形、即时成交显示等（如图 7-4）。个股的 K 线图是反映股票中长期走势的价格图形，而股票即时图是当天股票价格的走势反映，两者可以用 F5 进行切换。我们可以利用 K 线图来判断股票未来走势。

四、查看个股的基本资料查询

　　利用软件的功能，按 F10 查看该股票的基本资料（如图 7-5），这些基本资料，是我们了解该股票的便捷途径。我们买入一个股票前，一定要了解该股票的基本情况，比如这个公司是做什么业务的，历年来业绩如何，发展前景如何，股本结构、财务情况好不好等。

图 7-5　个股的基本资料

1. 查看公司资料

点击"公司资料"，我们可以看到公司的高管介绍、发行信息以及参股控股等信息。

2. 查看公司主要股东

点击"股东研究"，可以看到公司的股东数量、前十大股东等信息。

3. 查看公司行业排名

点击"行业对比"，可以看到公司在行业中的排名情况，这个排名根据不同的财务指标会有所不同，我们可以根据需要，选定特定的财务指标查看公司在行业内所处地位。

实训八
股票投资分析的信息获取和分析

能够从公开、正规渠道获取股票投资分析所需的信息，并进行分析。

1.行业分析。能从公开、正规渠道获取行业研究报告，并能读懂研报摘要，获取关键信息。

2.上市公司信息分析。能从公开、正规渠道获取上市公司研究报告，读懂摘要部分，获取关键信息。

一、行业分析信息获取渠道

通过证券公司的微信公众号或者 APP 可以获取研究报告，这些研究报告既包括行业的研究报告，也有公司的研究报告。

二、行业研究报告

通过行业研究报告，可以获取行业发展信息。行业分析报告大致可以分为两类：一类是总体性的行业分析报告；另一类是个体性的行业分析报告。

（一）总体性的行业分析报告

总体性的行业分析报告主要是从证券投资的角度对国民经济中值得关注的行业进行分

析，给投资者的投资决策提供参考。这里所谓"值得关注的行业"是指有可能形成市场热点的行业，而市场热点的形成无非从两方面寻找源头：一是产业的增长变动；二是市场的投资理念。只有将这两个源头有机地结合起来，才能具备酝酿市场热点的条件。单个行业的研究虽然有其自身的意义，但是对于一个产业较长时期的增长变动状况的把握，仅有单个行业分析和行业的横向比较是不够的，还必须从更高的层次，即从全球产业联动、经济增长格局的变化、产业政策的导向、国家经济体制改革等因素去综合地把握未来产业发展的方向。总体性的行业分析报告应该从以下几个方面着手：

（1）行业增长格局分析。主要是分析近年来增长最快的行业和增长最慢的行业的排名及其变动情况。分析行业增长情况所用的指标一般是行业销售收入同比增长和行业利润总额同比增长。在分析行业增长格局的变动时，可以充分利用公开发表的各行业指数等现成的统计资料。

（2）行业增长特征分析。主要分析行业增长过程中所表现出来的一些基本面的特点。比如在需求方面，在行业增长中是对投资依赖增长比较大，还是对消费增长依赖比较大；是对内需增长依赖比较大，还是对外需增长依赖比较大。或者是在供给方面，外商投资企业对国内行业增长的影响程度以及国际要素价格变动对国内相关行业的影响程度等。

（3）行业增长格局变动原因分析。关于行业增长格局的变动原因主要可以从这几个方面展开：①经济增长格局发生变化引起产业增长格局的变化；②与国际产业联动性的加强引起产业增长格局的变化；③产业政策的调整引起产业增长格局的变化；④经济体制改革的推进引起产业增长格局的变化等。

（4）朝阳行业的状况分析。由于在证券市场上，朝阳行业板块容易成为投资热点，是很好的投资选择。所以，在总体性的行业分析报告中，最好能够对目前的朝阳行业状况进行分析。朝阳行业是与行业生命周期相联系的一个重要的行业概念，它处于产业生命周期的成长阶段，是指在持续的一段时间内产品销售量绝对上升的产业。

朝阳行业的明显特征是：①需求的递增使市场容量不断增长，并导致一些起补充作用的分支行业也得到扩张；②由于尚未进入该行业的企业想方设法进入以分享一块利润，因此行业中企业数量也会有所扩大；③由于某种原因行业利润可能偶尔下降，但是这种下降是暂时的；④虽然行业产值在GDP中的比重较小，但是因为增长快速，所以随着时间的推移，其在GDP中的比重将逐渐增大；⑤代表国家产业结构特征和产业发展政策的方向。

（5）其他主要的行业类型状况分析主要包括：①基础行业，是指对加工制造业提供原材料、燃料方面的行业，比如电力、石油、煤炭等能源行业和钢铁、有色金属等原材料行业；②支柱行业，是指行业的产值和就业人数占国民经济总产值和就业总人数10%以上的行业，如机械工业等；③主导行业，是指在国民经济中产生较大连锁带动效应的行业，如房地产业、家电工业；④成熟行业，是指增长缓慢、生产能力开始出现过剩的行业，如建筑建材业；⑤衰退行业，是指持续的一段时间内产品销售量绝对下降的行业，如纺织业等。

（二）个体性的行业分析报告

虽然每个单独的行业都具有特殊性，但是在个体性的行业分析报告中，有些分析的角度是通用的，通常个体性的行业分析报告可以从以下几方面进行：

（1）行业的现状分析。主要包括该行业发展的历史沿革，目前该行业的各种经济指标状况（比如产量水平、产品结构），当前该行业发展中面临的主要问题以及发展机遇等。

（2）行业的地位和特殊性分析。重点分析该行业是成长型行业还是成熟型行业，是主导型还是支柱型行业；行业是否有垄断的特殊性，产品是否具有不可再生的资源特性以及强烈的商标和专利的知识产权保护特性等。

（3）行业的竞争状况分析。包括资本竞争、品牌竞争、市场竞争、技术竞争、产品竞争、国际竞争等。比如，手机的核心技术也是利润最高的部分是芯片，曾经一直掌握在国外几家大型手机商手里，我国大部分手机企业都是向国外购买，仅扮演组装商的角色，这就影响到了手机业的核心竞争力。目前，我国的华为等手机生产厂商在这一核心技术上已经取得了显著的突破，智能手机的产品竞争力也开始迈入全球先进行列。

（4）行业发展的外部环境分析。包括国家经济发展战略（如西部开发）对该行业的影响，引进外资对该行业的影响，产业政策对该行业的影响，地区经济发展战略对该行业的影响，国际经济形势变化对该行业的影响，经济体制改革对该行业的影响等。比如，上海要建设航运中心的战略必然对物流业产生影响，因为这是国家战略。又比如，电力体制改革将会对电力行业的发展产生影响，因为它将促使寡头竞争市场格局形成，通过资源重组发挥规模经济效应。

（5）行业发展的前景分析。主要是该行业需求增长的预测和展望。预测也可以用横向比较的方式，比如，从产品的普及率角度可以衡量某一行业的发展前景，我国乳品的普及率曾经与发达国家相比差距很大，巨大的差距存在就表明该行业将会有很大的发展空间。

（6）行业中的上市公司分析。主要对属于该行业中的上市公司进行具体的介绍和分析，为投资者选择该行业中的具体投资对象提供参考意见。

三、上市公司研究

走访和实地调查上市公司，是公司分析中的一项很重要的工作。调研的目的就是尽可能多地了解和掌握上市公司的外部环境和内部条件，从而对上市公司的优势和劣势有比较充分的认识。根据实际调查得到的第一手资料以及上市公司的信息披露资料，可以将两者结合起来，撰写公司基本情况的分析报告。分析报告可以从以下几方面展开：

（1）公司背景情况和历史沿革。包括公司的基本性质、关联企业情况、公司的资本和生产规模、股本结构和主要大股东情况、公司的主营业务和利润的主要来源、公司发展的历史沿革等。

（2）公司经营管理状况。包括高层管理人员的经历和能力、公司员工的技术层次和培训制度、公司的工资制度、公司的组织结构与管理体制、生产能力和生产效率、原材料的采购和供应等。

（3）公司市场营销情况。包括公司产品的价格需求弹性和收入需求弹性、产品销售的周期波动、主要客户组成及与主要客户的关系、产品覆盖的地区和市场占有率、产品的主要竞争对手、顾客满意度、销售成本的水平和控制能力等。

（4）公司研究开发状况。包括公司研究开发的重点项目情况、研究设施与研究人员的情况、研究开发费用的支出情况、新产品的开发频率等。

（5）公司融资和投资情况。包括公司的融资方式和结构、融资资金的主要用途、主要投资项目的基本情况以及投资项目的收益情况。

（6）公司所属行业情况。包括行业的生命周期特点、行业的经济周期特点、行业的增长动力特点以及行业的发展前景特点等内容。

实训九
个股基本面分析——F10 的应用

> **实训目的**

熟悉证券软件F10的应用，并能进行简单的个股基本信息分析。

> **实训内容**

1. 查看F10的主要内容和功能。

2. 股东人数变化分析。

3. 上市公司行业对比和排名。

> **实训步骤**

一、查看 F10 的主要内容和功能

证券软件F10功能键主要是用来查询上市公司的基本信息。如果要查看某股票的财务、经营等基本资料，则可以在该股票的界面上点击F10，即可出现下图界面，如图9-1所示。

之后，即可以根据该图上端的栏目选择所需的内容，如图9-2所示，通过功能键F10查看到相应的资料，投资者可以根据这些资料结合自身的分析来对该股票进行具体的投资判断。

功能键F10上端的比较实用的栏目主要有"最新动态""公司资料""财务概况""经营分析""股东研究""主力持仓"和"行业对比"等。

图 9-1　F10 内容

图 9-2　F10 工具栏

"最新动态"反映的是公司最新的一些公告和有关信息，反映了公司概要和近期重要事件；

"公司资料"则可以反映公司的主营业务、高管介绍、发行信息以及参股控股公司等情况；

"财务概况"可以找到公司的负债、经营及利润等指标情况；

"经营分析"则侧重于上市公司的经营情况，包括业务构成、业务毛利、业务辐射区域等信息；

"股东研究"栏目可以了解公司股东情况，特别是最新股东进出情况。

二、股东人数以及主力持仓变化分析判断

"股东研究"大致能反映该股的筹码趋于集中还是趋于分散的情况，有利于投资人对该股票的买卖决策。如果股东户数一直在减少，即户均持股在增加，这说明主力的筹码在不断趋于集中（如图 9-3）。对于此类筹码趋于集中的公司，从投资角度看，是很有价值的。当然，我们所看到的最新数据时间相对于实际的时点有一定的滞后，这就需要投资者通过 K 线图的价量关系对筹码趋向情况加以补充和修正。

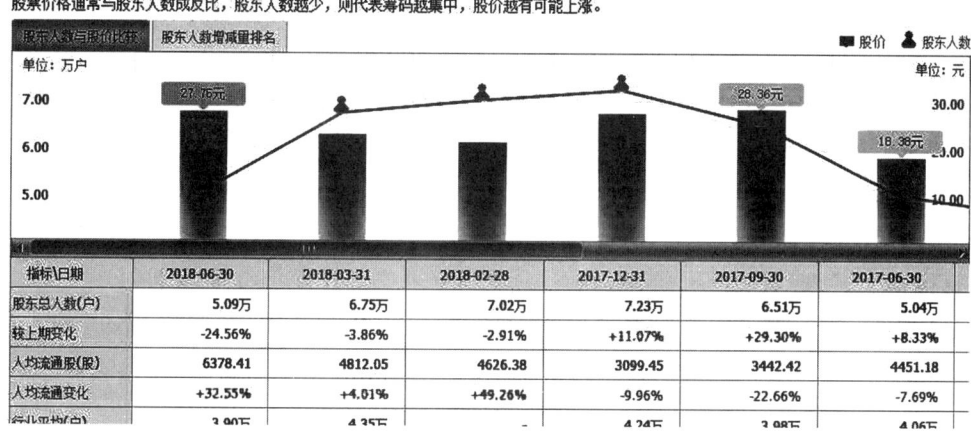

股票价格通常与股东人数成反比,股东人数越少,则代表筹码越集中,股价越有可能上涨。

指标\日期	2018-06-30	2018-03-31	2018-02-28	2017-12-31	2017-09-30	2017-06-30
股东总人数(户)	5.09万	6.75万	7.02万	7.23万	6.51万	5.04万
较上期变化	-24.56%	-3.86%	-2.91%	+11.07%	+29.30%	+8.33%
人均流通股(股)	6378.41	4812.05	4626.38	3099.45	3442.42	4451.18
人均流通变化	+32.55%	+4.01%	+49.26%	-9.96%	-22.66%	-7.69%
总机构(户)	3.90万	4.35万		4.24万	3.98万	4.06万

图 9-3　股东人数变化

"主力持仓"反映了持有该股的机构数量、股票数量以及累计市值,通过主力持仓的变化,我们可以看到机构对该股的持有情况,作为我们交易的参考。(如图 9-4)

主力进出\报告期	2018-06-30	2018-03-31	2017-12-31	2017-09-30	2017-06-30
机构数量(家)	123 (更新中)	8	40	12	41
累计持有数量(股)	6147.96万	2145.15万	2567.36万	1953.37万	3926.89万
累计市值(元)	17.06亿	4.96亿	7.04亿	5.54亿	7.22亿
持仓比例	18.92%	6.60%	11.45%	8.71%	17.51%
较上期变化(股)	↑ 4002.81万	↓ -422.21万	↑ 613.99万	↓ -1973.52万	↑ 1624.73万

注:若当期数据无主力机构持仓或公司定期报告未披露完毕,则不显示。

图 9-4　主力持仓变化

三、行业地位分析和操作

公司在行业中的地位是公司竞争力的综合体现,如果我们能够很清楚地了解某家上市公司在行业中的地位,那么对这家上市公司的竞争能力当然也就比较心中有数,因为行业中的地位讲到底就是某一家上市公司的竞争地位。公司在行业中的地位包括:

(1)公司在行业中的影响力。其是否是一家行业领导企业;

(2)公司在行业中的盈利能力。其是否高于同行业其他公司的平均水平;

(3)公司的知名度。其知名度是否明显超过行业内的其他公司;

(4)公司在行业内的排名。其销售额、利润额等主要经济指标是否在行业内名列前茅;

(5)公司在行业内的市场占有率。其市场占有率是否比较高;

(6)公司在行业中的销售额增长率水平。其销售额增长率是否快于行业内的其他公司。

其中，市场占有率指标和销售额增长率指标具有更为重要的意义，因为它们可以较好地从动态的角度反映出公司在行业内的地位变化。在考察公司在行业中地位的时候，特别要对那些市场占有率和销售额年增长率不稳定的公司保持警惕，市场占有率和销售额年增长率大起大落，说明公司经营状况不稳定，这会增大投资的风险，投资者的回报得不到保证。市场占有率就是公司产品的年销售额在行业中所占的比重，这个比重的大小与公司产品的质量、价格、广告宣传、销售策略、售后服务以及公司的知名度等都有密切的关系，它综合反映了公司的产品与其他公司产品竞争的结果。所以市场占有率越高，说明了公司对市场的影响力越大，公司的竞争能力也就越强。而且，市场占有率的变化动态地反映了公司竞争能力的消长，市场占有率提高，说明公司的竞争优势在加强；市场占有率萎缩，说明公司的市场正在被蚕食，竞争能力正在削弱。

就公司销售额年增长率而言，销售额增长越快，说明公司在行业内竞争能力越强，即使规模相当大的公司，至少要保持与市场同步的增长速度，才能够维持其竞争的地位和对市场的支配地位。从某种意义上来讲，销售额的年增长率比当前的销售规模更具有意义，很多投资者愿意持有增长速度高于行业平均速度的具有发展潜力的公司的股票。

"行业分析"则可以大致分析公司在该行业中的综合排名，排名可以按照不同的财务指标来进行，在软件中提供了10个财务指标可供排名。例如个股"金螳螂"，其营业收入、净利润在三级行业"装饰园林"中均为第一（如图9-5，9-6），可见该股实力较强。

如何进行行业排名操作

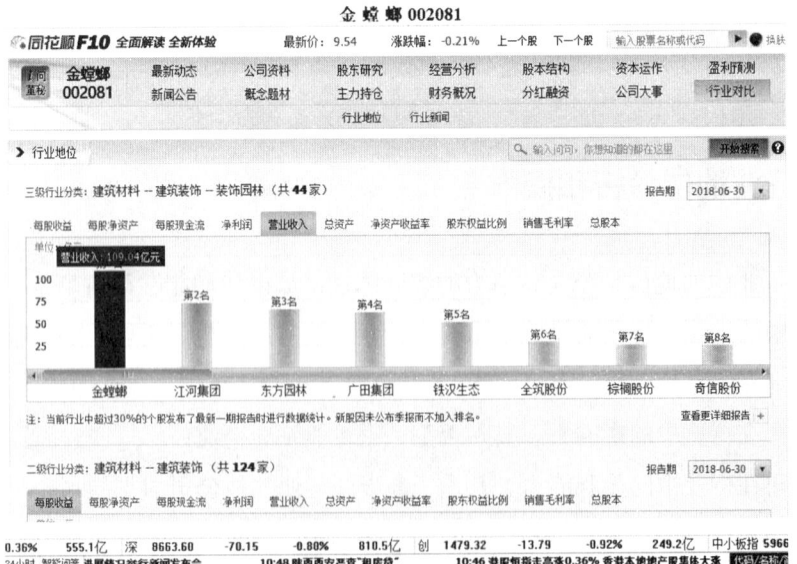

图9-5　营业收入排名

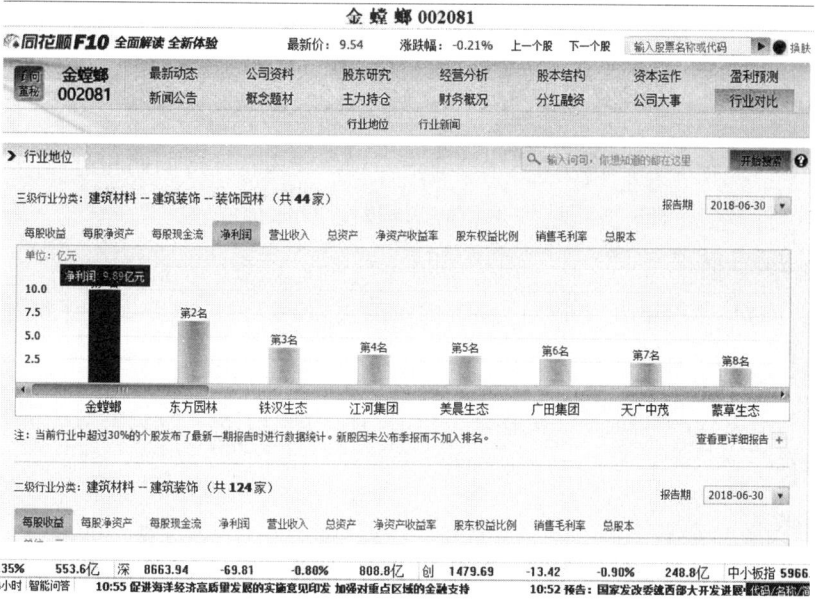

图 9-6　净利润排名

▶ **知识链接**

证券基本面分析

　　证券投资基本面分析一般是通过对影响证券市场基本经济因素的分析,预测经济变量变化对证券市场影响的分析法。投资者根据经济学、统计学、金融学、投资学等基本原理,对影响证券价值和价格的各种基本因素进行分析,主要从宏观分析、行业分析和公司分析三方面着手,以评估证券的投资价值,判断证券的合理价位。证券投资分析的前提是信息的搜集。本项目主要从宏观、中观和微观三个层次介绍如何对证券进行相应的投资分析。

一、宏观分析

　　在证券投资领域中,宏观经济分析非常重要,只有把握住经济发展的大方向,才能作出正确的长期决策;只有密切关注宏观经济因素的变化,尤其是货币政策和财政政策等因素的变化,才能抓住市场时机。

　　证券投资与国民经济整体素质、结构变动息息相关。不同部门、不同行业与成千上万的不同企业相互影响、相互制约,共同作用于国民经济发展的速度和质量。

　　证券投资也与国家宏观经济政策息息相关。在市场经济条件下,国家通过财政政策和货币政策来调节经济,或挤出泡沫,或促进经济增长,这些政策直接作用于企业,从而影响经济增长和企业效益。因此,证券投资必须认真分析宏观经济政策,无论是对投资者、投资对象,还是对证券业本身乃至整个国民经济的快速、健康发展都具有非常重要的意义。

（一）经济运行基本变量分析

宏观经济分析,首先要了解国内生产总值、国民收入、经济周期和通货膨胀等经济变量,能根据它们的变动对证券投资作出相应的判断。具体是:

1. 国内生产总值

国内生产总值（GDP）是在一国领土范围内本国和外国居民在一定时期内所生产的、以市场价格表示的产品和劳务的总和。当GDP持续稳定增长时,只要上市公司经营正常,其产值、销售收入、利润都会持续增加,从而使证券价格上涨。投资者对经济形势的良好预期也会促使证券价格上涨。反之则下降。

2. 国民收入

国民收入水平和国民收入分配结构及其变动,对证券市场有较大的影响。当人均国民收入水平上升时,说明宏观经济运行情况良好,证券市场的前景看好;当国民收入向企业和个人倾斜时,说明企业的投资能力、居民的投资与消费能力都将提高,这将促进经济的进一步增长,有利于上市公司的发展,增加证券市场的资金供给。当人均国民收入水平下降,或企业和居民个人的国民收入分配比重降低时,效果则相反。

3. 经济周期

经济周期表现为扩张与收缩的交替出现,扩张至高峰期表现为经济繁荣,收缩至低谷期表现为经济萧条。在萧条期,证券市场的交易量萎缩,当萧条接近尾声时,证券价格缓缓上升;当经济日渐复苏时,证券价格已升至一定水平。在繁荣期,证券交易量扩大,价格在顶端波动,当繁荣接近尾声时,有识投资者已卖出证券;当越来越多的投资者感到繁荣即将结束时,证券价格已进入下降通道。

4. 通货膨胀

通货膨胀对债券的影响较大,但对股票有所区别。一般来说,通货膨胀率较低时,对股票价格危害不大且还有推动作用。因为,通货膨胀主要是货币供应量增多造成的。货币供应量增多,开始时一般能刺激生产,增加公司利润,从而增加可分派股息。股息的增加会使股票更具吸引力,于是股票价格将上涨。当通货膨胀率较高且持续到一定阶段时,经济发展和物价的前景就不可捉摸,整个经济形势会变得很不稳定。这时,一方面企业的发展会变得飘忽不定,企业利润前景不明,影响新投资注入。另一方面,政府会提高利率水平,从而使股价下降。这两方面因素的共同作用下,股价水平将显著下降。

（二）经济政策分析

经济政策分析主要可以从货币政策和财政政策两方面内容着手,并根据它们的变动对证券投资作出相应的判断。

1. 货币政策

货币政策包括利率、法定存款准备金率、公开市场业务和调节货币供应量。降低存贷款利率、降低法定存款准备金率、中央银行买进有价证券、增加货币供应量，能够降低投资者投资于股票的机会成本，增加上市公司的盈利，都能使证券市场价格上涨。提高存贷款利率、提高法定存款准备金率、中央银行卖出有价证券、减少货币供应量，都会促使证券价格下跌。

2. 财政政策

积极的财政政策手段主要有减少税收、扩大财政赤字、减少国债发行或回购部分国债、增加财政补贴以及转移支付制度，这些手段一般都会使证券价格上扬；紧缩的财政政策则相反。

二、行业分析

宏观经济分析主要分析了社会经济的总体状况，但没有对社会经济的各个组成部分进行具体分析。在国民经济中，一般各产业发展都不平衡，产业增长和利润率相差很大，因此进行投资时有必要研究产业的性质、状况和发展趋势。

从证券投资分析的角度看，行业分析主要是界定行业本身所处的发展阶段及其在国民经济中的地位，同时对不同的行业进行横向比较，为最终确定投资对象提供准确的行业背景。而宏观经济分析是为了掌握证券投资的宏观背景条件，把握证券市场的总体趋势，并没有为投资者指出具体的投资领域和具体对象。要对投资的具体领域和具体对象加以选择，就需要进行行业分析和公司分析。行业分析是对上市公司进行分析的前提，也是连接宏观经济分析与上市公司分析的桥梁，是基本分析的重要内容。行业有自己特定的生命周期，处在生命周期不同发展阶段的行业、在国民经济中具有不同地位的行业，其投资价值都是不一样的。不同的行业会为公司投资价值的增长提供不同的空间，因此，行业是决定公司投资价值的重要因素之一。行业分析的重要任务之一就是挖掘最具投资潜力的行业，并在此基础上，选择具有投资价值的上市公司。行业分析和公司分析是相辅相成的。

（一）行业分类

目前常见的行业分类包括全球行业分类系统（GICS），中国证监会行业分类标准以及申万行业分类标准。我们常用的是证监会行业分类和申万行业分类。

全球行业分类系统（GICS）是由标准普尔（S&P）与摩根斯坦利公司（MSCI）于1999 年 8 月联手推出的行业分类系统。该标准为全球金融业提供了一个全面的、全球统一的经济板块和行业定义。作为一个行业分类模型，GICS 已经在世界范围内得到广泛的认可，它的意义在于不仅为创造易复制的、量体裁衣的投资组合提供了坚实基础，更使得对全球范围经济板块和行业的研究具可比性。标准普尔全球指数家族包含的所有公司都已根据 GICS 进行行业分类，每一家公司都会被分到一个子行业内，同时自动地归属于相应的行业、行业组和行业板块。GICS 为四级分类，包括 10 个经济部门（Economic Sector），24 个行业组（Industry Group），68 个行业（Industry）和 154 个子行业（Sub-Industry）。

（1）道·琼斯分类法。它是在 19 世纪末为在纽约证券交易所上市的股票中选取有代表性的股票而对各公司进行的分类，是证券指数统计中最常用的分类法之一。它将大多数股票分为三类：工业（包括采掘业、制造业和商业）、运输业（包括航空、铁路、汽车运输和航运业）和公用事业（包括电话公司、煤气公司和电力公司等）。

（2）标准行业分类法。联合国经济和社会事务统计局制定了《全部经济活动国际标准行业分类》，建议各国把国民经济划分为 10 个门类：农业、畜牧狩猎业、林业和渔业；采矿业及土、石采掘业；制造业；电、煤气和水；建筑业；批发和零售业、饮食业和旅馆业；运输、仓储和邮电通信业；金融、保险、房地产和工商服务业；政府、社会和个人服务业；其他。每个门类再分为大类、中类和小类。

（3）我国国民经济行业的分类。为国家宏观管理、各级政府部门和行业协会的经济管理以及进行科研、教学、新闻宣传、信息咨询服务等提供统一的行业分类和编码，《国民经济行业分类（GB/T 4754-2017）》中对我国国民经济行业分类进行了详细的划分。新行业分类采用经济活动的同质性原则，将国民经济行业划分为门类、大类、中类和小类四级。小类是国民经济行业分类的核心层，其活动性质的同质性最高；中类是活动性质相近的小类行业的综合类别；大类构成了国民经济重要的经济部门；门类是国民经济行业分类中活动性质相近的经济部门的综合类别。新标准行业分类共有行业门类 20 个（见表 9-1），行业大类 97 个，行业中类 473 个，行业小类 1380 个，基本反映了我国目前行业结构状况。

（4）我国上市公司的行业分类。最初，上海证券交易所将全部上市公司分为五类：工业、商业、地产业、公用事业和综合类；深圳证券交易所将全部上市公司分为六类：工业、商业、金融业、地产业、公用事业和综合类。2012 年，中国证监会发布《中国上市公司行业分类指引》，参照《国民经济行业分类》（GB/T 4754-2011），将上市公司的经济活动分为门类、大类两级，合计 19 个门类，90 个大类。与此对应，门类代码用一位拉丁字母表示，即用字母 A、B、C……依次代表不同门类（见表 9-2）；大类代码用两位阿拉伯数字表示，从 01 开始按顺序依次编码。

查看上市公司行业分类

表 9-1　我国行业分类标准（GB/T 4754-2017）

行业名称	行业代码
农、林、牧、渔业	A
采矿业	B
制造业	C
电力、热力、燃气及水生产和供应业	D
建筑业	E
批发和零售业	F
交通运输、仓储和邮政业	G
住宿和餐饮业	H
信息传输、软件和信息技术服务业	I
金融业	J
房地产业	K
租赁和商务服务业	I
科学研究和技术服务业	M
水利环境和公共设施管理业	N
居民服务、修理和其他服务业	O
教育	P
卫生和社会工作	Q
文化、体育和娱乐业	R
综合	S
国际组织	T

表 9-2　CSRC 行业分类（上海证券交易所）数据日期：2020 年 2 月 5 日

行业名称	行业代码	交易股票数（只）	市价总值（元）
农、林、牧、渔业	A	15	69290568417
采矿业	B	52	2392878201479
制造业	C	927	12316674770350
电力、热力、燃气及水生产和供应业	D	66	1243449177518
建筑业	E	49	884457272872
批发和零售业	F	102	776965982514
交通运输、仓储和邮政业	G	76	1586645842953
住宿和餐饮业	H	4	39148703602
信息传输、软件和信息技术服务业	I	83	1402526118016
金融业	J	73	10509714098857
房地产业	K	75	985311380626
租赁和商务服务业	L	17	253075322257
科学研究和技术服务业	M	22	229025692102
水利、环境和公共设施管理业	N	20	100745514147
居民服务、修理和其他服务业	O	0	0
教育	P	3	17240513376
卫生和社会工作	Q	3	57901630298

续表

行业名称	行业代码	交易股票数（只）	市价总值（元）
文化、体育和娱乐业	R	26	214752251734
综合	S	14	92587257823

（5）申万行业分类。分为三级，一级分类有28个（见表9-3），二级分类有104个，三级分类有227个。申银万国由原上海申银证券公司和原上海万国证券公司于1996年7月16日合并组建而成，是国内最早的一家股份制证券公司，也是目前国内规模最大、经营业务最齐全、营业网点分布最广泛的综合类证券公司之一。

表9-3 申万一级行业分类

行业代码	行业名称	行业代码	行业名称	行业代码	行业名称
801010	农林牧渔	801150	医药生物	801740	国防军工
801020	采掘	801160	公用事业	801750	计算机
801030	化工	801170	交通运输	801760	传媒
801040	钢铁	801180	房地产	801770	通信
801050	有色金属	801200	商业贸易	801780	银行
801080	电子	801210	休闲服务	801790	非银金融
801110	家用电器	801230	综合	801880	汽车
801120	食品饮料	801710	建筑材料	801890	机械设备
801130	纺织服装	801720	建筑装饰		
801140	轻工制造	801730	电气设备		

不同的市场对个股的行业分类会有所区别，下表对上海、香港两地同时挂牌交易上市的部分公司行业分类做了对照。（见表9-4）

表9-4 上海、香港两地同时挂牌交易上市公司（部分）行业分类对照表

序号	A股代码	A股简称	H股代码	公司名称	中证指数行业分类（一级）	恒生指数行业分类（一级）
1	600016	民生银行	01988	中国民生银行股份有限公司	金融地产	金融业
2	600029	南方航空	01055	中国南方航空股份有限公司	工业	消费者服务业
3	600196	复星医药	02196	上海复星医药（集团）股份有限公司	医药卫生	消费品制造业
4	600585	海螺水泥	00914	安徽海螺水泥股份有限公司	原材料	地产建筑业
5	600775	南京熊猫	00553	南京熊猫电子股份有限公司	电信业务	资讯科技业
6	600874	创业环保	01065	天津创业环保集团股份有限公司	工业	公用事业

续表

序号	A股代码	A股简称	H股代码	公司名称	中证指数行业分类（一级）	恒生指数行业分类（一级）
7	601600	中国铝业	02600	中国铝业股份有限公司	原材料	原材料业
8	601869	长飞光纤	06869	长飞光纤光缆股份有限公司	电信业务	资讯科技业
9	688009	中国通号	03969	中国铁路通信信号股份有限公司	信息技术	资讯科技业

（二）行业的市场结构类型分析

行业的市场结构随该行业中企业的数量、产品的性质、价格的制定和其他一些因素的变化而变化。根据以上各因素，所有行业可以被划分为四种市场类型：完全竞争行业、垄断竞争行业、寡头垄断行业和完全垄断行业。

按照企业数量、产品差别程度、控制价格的能力、新企业进入的难易程度及典型行业等要素，可以将上述行业进行大致的区分，具体见表9-5。

表9-5　行业市场结构类型

市场结构	企业数量	产品差别程度	控制价格的能力	新企业进入的难易程度	典型行业
完全竞争	很多	均质或相同	没有	很容易	农业、商业
垄断竞争	较多	有一定差别	较低	较容易	轻工行业
寡头垄断	少数	同一或微小区别	较高	不容易	重工行业
完全垄断	一个	独特产品	很高	不可能	公用事业、邮电通信

由此可见，完全竞争的根本特点在于所有的企业都无法控制市场的价格和使产品差异化。垄断竞争生产的产品同种但不同质，即产品之间存在着实际或想象上的差异，由于产品差异性的存在，生产者可以树立自己产品的信誉，从而对其产品的价格有一定的控制能力。寡头垄断只有少量的生产者生产同一种产品，因而对市场的价格和交易具有一定的垄断能力。完全垄断可分为两种类型：政府完全垄断，如铁路、邮电等部门；私人完全垄断，如根据政府授予的特许专营或根据专利产生的独家经营，以及由于资本雄厚、技术先进而建立的排他性的私人垄断经营。完全垄断市场类型的特点是：由于市场被独家企业所控制，产品又没有或缺少合适的替代品，因此，垄断者能够根据市场的供需情况制定理想的价格和产量，在高价少销和低价多销之间进行选择，以获取最大的利润。不过，垄断者在制定产品的价格与生产数量方面的自由性是有限度的，它要受到反垄断法和政府管制的约束。

（三）行业生命周期分析

通常每个行业都要经历由成长到衰退的演变过程，这个过程即为行业的生命周期。对行业生命周期的分析预测是行业分析的重要内容。行业的生命周期可分为开创期、成长期、成熟期和衰退期。

（1）开创期。处在开创期的创业公司的研发费用较高，而且消费者对其产品尚缺乏全面了解，致使产品市场需求小，销售收入低，因而这些创业公司可能不但没有盈利，反而出现较大亏损。同时，较高的产品成本和价格与较小的市场需求之间的矛盾使得创业公司面临很大的市场风险。但是高风险往往孕育着高收益，在开创期后期，随着行业生产技术的成熟、生产成本的降低和市场需求的扩大，新行业逐步由高风险、低收益的开创期迈入高风险、高收益的成长期。

（2）成长期。行业的成长实际上就是行业的扩大再生产的过程。成长期的行业主要体现在生产能力和规模的扩张。在成长初期，企业的生产技术逐渐成熟，市场认可度逐步提高，产品的销量迅速增长，市场规模逐步扩大。在这一时期，一方面拥有一定市场营销能力、雄厚的资本实力和畅通的融资渠道的企业逐渐占领市场。另一方面，由于高额的利润，大量潜在竞争者将进入该行业，行业的竞争程度将逐步增强，行业由高增长逐步过渡到稳定增长，并进入成熟阶段。成长期的行业增长非常迅猛，部分优势企业脱颖而出，投资于这些企业的投资者往往获得较高的投资回报，所以成长期阶段被称为投资机会时期。此时，投资者蒙受经营失败而导致投资损失的可能性大大降低，分享行业增长带来的收益的可能性则会大大提高。

（3）成熟期。在成熟期，产品的基本性能、式样、功能、规格、结构都将趋于成熟，产品和服务已达到基本饱和，产品变得标准化。进入成熟期的行业市场被通过市场竞争而生存下来的少数资本雄厚、技术先进的大企业所控制。进入成熟期后，各厂商之间的竞争手段逐渐从价格手段转向各种非价格手段，如提高质量、改善性能和加强售后服务等。在行业成熟期，行业增长速度降到一个适度的水平，甚至整个行业的增长可能会完全停止。因此行业的发展很难较好地与国民生产总值保持同步增长，当国民生产总值减少时，行业甚至蒙受更大的损失。但是，由于技术创新等原因，某些行业或许实际上会有新的增长。

（4）衰退期。在衰退期，由于对原产品需求的转移和大量新产品或替代品的出现，该行业的市场需求逐步减少，产品的销售量逐步降低，利润率下降，一些企业开始出现亏损。一些厂商开始向其他更有利可图的行业转移资金，因而原行业出现了厂商数目减少、利润水平停滞不前或下降的萧条局面。至此，整个行业便进入了衰退期。

行业生命周期四阶段综合特征见表9-6。

表 9-6　行业生命周期四阶段综合特征

生命周期阶段	特征	公司数量	产品价格	盈利	风险
开创期	产品的市场接受度受到怀疑，商业战略的实施并不清晰，存在高风险和破产事件	少	高	低或亏损	高
成长期	产品已被接受，业务拓展开始，销售额和盈利稳步增长，商业战略的正确实施仍是一个问题	增加	下降	增加	较高
成熟期	行业趋势与总体经济趋势相同，参与者在稳定的行业中争夺市场份额	减少	相对稳定	较高	降低
衰退期	消费偏好的改变和新技术的出现使产品的需求逐步减少	少	下降	减少或亏损	增加

以上的行业生命周期分析可以帮助投资者确定其投资的行业所处的行业生命周期阶段，跟踪考察该行业的发展趋势，分析行业的投资价值和投资风险，评估该行业的销售增长率和利润率。当然行业的实际生命周期由于受到多种因素的影响而更为复杂。

（四）行业的增长动力分析

为了准确地把握中长期的投资机会，可以根据行业增长的动力和源泉进行行业分析。根据行业增长的动力不同可以将其分为：

（1）投资拉动型行业。在分析投资拉动型行业的时候，必须紧密结合国家的财政政策走向，如果我国政府实施积极财政政策，那么国有投资仍将会成为拉动经济增长的主导力量，这将为机械、建筑、建材等投资拉动型行业提供增长的动力，这些行业的股票应该会有比较好的表现。

（2）消费升级型行业。在我国经济进入新常态的背景之下，经济增长也逐步由高速增长阶段向高质量增长阶段迈进，高科技产业不断扩大，人均 GDP 也在不断上升，消费结构必将迎来全新的升级。今后，加快发展现代服务业是完成我国消费升级的必要条件，从我国的消费结构现状来看，医疗、养老、旅游、娱乐、教育、互联网消费等行业有着可观的提升空间，消费结构的升级将会给这些相关行业带来增长动力。

（3）政策扶持型行业。政策扶持型行业分析的基础是国家的产业政策，由于国家的产业政策并非一成不变，因此需要通过研究国家产业政策变化的趋势，来挖掘基于政策扶持而带来的投资机会。例如环境保护行业，随着全球气候变暖以及我国环境污染的加剧，我国在经济工作中将会越来越提倡可持续发展，环境保护行业将有望获得快速发展的机会。

三、公司财务分析指标

通过证券软件 F10 功能键里的财务分析、经营分析等栏目，大致可以了解公司的经营状况和财务情况，并据此对证券投资作出初步的判断。

如何查看上市公司财务指

财务分析栏目可以了解公司偿债能力、资产营运能力和盈利能力。

（一）公司偿债能力

（1）资产与负债相关数据反映公司在某一特定时点财务状况的静态报告，可以了解公司的偿债能力强弱、资本结构合理性、流动资金充足性等（见图 9-7）。

【资产与负债】

财务指标（单位）	2009-09-30	2008-12-31	2007-12-31	2006-12-31
资产总额（万元）	20118962.40	20002113.69	20200800.48	16484665.74
负债总额（万元）	10224500.75	10218344.96	9592888.02	7831275.67
流动负债（万元）	7090263.27	7204242.01	7807924.82	6683211.03
长期负债（万元）	–	–	–	–
货币资金（万元）	564925.46	685160.44	1124004.11	1817360.11
应收账款（万元）	758245.21	526919.09	631164.21	554925.50
其他应收款（万元）	108070.09	73621.46	86634.02	78573.00
坏账准备（万元）	–	–	–	–
股东权益（万元）	9289365.92	9195686.97	8850401.04	8128619.36
资产负债率（%）	50.8202	51.0863	49.7700	47.5064
股东权益比率（%）	46.1721	45.9735	46.9926	49.3101
流动比率（%）	0.7853	0.8156	1.0097	1.0061
速动比率（%）	0.3499	0.3208	0.4948	0.5388

图 9-7 资产与负债

公司偿债能力分析是财务分析的重点内容之一，通过这种分析可以揭示公司的财务风险。它包括短期偿债能力分析和长期偿债能力分析两部分。

短期偿债能力是指公司偿还流动负债的能力，其评价指标有流动比率、速动比率。流动比率是公司流动资产与流动负债的比率。速动比率是指公司速动资产与流动负债的比率，速动资产是扣除存货后的流动资产。一般流动比率越高，说明偿还流动负债的能力越强，反之则表明企业的短期偿债能力弱。但须注意存货积压、应收账款增多以及待摊费用和待处理财产损失增加或者闲置现金的持有量过多等特殊原因。从速动比率分析看，通常认为正常的比率为 1，低于 1 则认为是短期偿债能力偏低。但由于应收账款的变现能力是影响速动比率的一个重要因素，所以不同的行业速动比率会有很大的差别，没有统一的速动比率标准。

　　长期偿债能力是指公司偿还长期债务的能力，分析公司长期偿债能力的指标主要有资产负债比率与股东权益比率。资产负债比率，是负债总额与资产总额的比率。适中的资产负债比率比较合适。股东权益比率，也称产权比率、资本负债率，是负债总额与股东权益总额的比率。一般来说，股东资本大于负债总额较好，即比率小于 1，但也不能一概而论。

　　（2）现金流量反映的是公司现金项目的信息（如图 9-8）。现金流量主要分经营活动、投资活动和筹资活动的现金流量三部分。分析现金流量数据可以判断公司的支付能力和偿债能力以及公司对外部资金的需求情况，预测公司未来的发展前景。

【现金流量】

财务指标（单位）	2009-09-30	2008-12-31	2007-12-31	2006-12-31
销售商品收到的现金（万元）	12005662.51	23328685.32	22113260.57	188505446.22
经营活动现金净流量（万元）	1893398.92	1624355.20	1888563.43	2521317.41
现金净流量（万元）	−154064.34	−883692.43	−107174.38	926305.30
经营活动现金净流量增长率（%）	579.38	−13.99	−25.10	10.96
销售商品收到现金与主管收入比（%）	112.87	116.45	115.61	116.25
经营活动现金流量与净利润比（%）	511.10	251.48	148.49	192.80
现金净流量与净利润比（%）	−41.59	−136.81	−8.43	70.83
投资活动的现金净流量（万元）	−1272164.56	−2760169.10	−2797351.63	−1232064.56
筹资活动的现金净流量（万元）	−776055.47	270372.81	792098.65	−366116.80

图 9-8　现金流

　　（3）利润相关数据可通过图 9-9 来反映公司的营业收入、与营业收入相关的生产性费用、销售费用和其他费用等情况，它可以反映一定时期内企业的经营成果，了解公司的盈利能力、盈利状况和经营效率等。

【利润构成与盈利能力】

财务指标（单位）	2009-09-30	2008-12-31	2007-12-31	2006-12-31
主营业务收入（万元）	106336795.67	20033177.38	19127349.35	16214216.88
主营业务利润（万元）	—	—	—	—
经营费用（万元）	100284.53	185251.96	201837.00	221789.47
管理费用（万元）	318552.52	567634.58	521955.67	537842.25
财务费用（万元）	130637.51	209574.11	95505.16	101781.87
三项费用增长率（%）	−21.06	17.47	−4.89	11.21
营业利润（万元）	492349.96	830416.91	1947772.90	1953570.58
投资收益（万元）	78546.11	67716.60	149862.29	78394.02
补贴收入（万元）	—	—	—	—
营业外收支净额（万元）	14977.92	−14980.34	−17004.16	−33141.74
利润总额（万元）	507327.88	815436.56	1930768.74	1920428.85
所得税（万元）	107645.43	155327.25	588505.77	560363.12
净利润（万元）	370458.44	645920.75	1271833.45	1307714.16
销售毛利率（%）	8.90	12.20	14.82	16.99
主营业务利润率（%）	—	—	—	—
净资产收益率（%）	3.99	7.02	14.37	16.09

图 9-9　利润相关数据

（二）资产营运能力

营运能力是指公司资产的周转运行能力。对此进行分析，可以了解公司的营业状况及经营管理水平。评价公司营运能力常用的财务指标有：应收账款周转率、存货周转率、固定资产周转率等。（如图 9-10）

（1）应收账款周转率。应收账款周转率是指公司一定时期赊销收入净额与应收账款平均余额的比率。应收账款周转率越高，说明公司催收账款的速度越快，可以减少坏账损失，公司财务状况好转；反之，则表明公司催收账款的效率太低，公司财务状况趋坏。

（2）存货周转率。指公司的销售成本与平均存货的比率。存货周转率越高，说明存货周转越快，公司的销售能力越强，营运资金占用在存货上的金额越少；反之，则说明公司在产品销售方面存在一定问题。

（3）固定资产周转率。是指公司的年销售收入净额与固定资产平均净值的比率。该比率较高，说明公司利用固定资产的程度较高，生产经营的效率正常；反之，则说明固定资产利用效率不高，会影响公司的营运能力。

【经营与发展能力】

财务指标（单位）	2009-09-30	2008-12-31	2007-12-31	2006-12-31
存货周转率（%）	1.17	4.64	4.43	4.61
应收账款周转率（%）	1.59	7.48	8.92	8.68
总资产周转率（%）	0.18	0.69	0.73	0.78
主营业务收入增长率（%）	20.42	-4.45	6.32	47.43
营业利润增长率（%）	-92.86	-515.70	-108.65	12.87
税后利润增长率（%）	43.55	-2026.25	-97.09	21.51
净资产增长率（%）	0.48	-11.15	-1.76	24.88
总资产增长率	0.82	1.31	0.61	29.29

图 9-10　公司经营发展

（三）盈利能力

公司的盈利能力越高，资本成本就越低，公司的净值就增长得越快，公司的价值就越大。衡量公司盈利能力的指标主要有净资产收益率、销售利润率和每股收益和市盈率等（如图 9-9，9-11）。

净资产收益率，又称净资产报酬率，是指公司的净利润与净资产的比率。净资产平均余额为净资产期初余额和净资产期末余额之和再除以 2。净资产收益率指标越高，说明由投资人享有的净利润就越多，投资人投资的收益水平就越高。

销售利润率常用销售净利率和销售毛利率来反映。销售净利率，是指公司净利润与销售收入的比率。销售毛利率，是指公司毛利与销售收入的比率。此比率越高，收益水平就越高。

每股收益又称每股税后利润、每股盈余，指税后利润与股本总数的比率。市盈率，是指普通股每股市价与每股收益的比率。市盈率是反映公司获利能力的一个重要财务指标。一般来说，市盈率高，说明投资者对该公司的发展前景看好，愿意出较高的价格购买该公司股票。但也应注意，市盈率过高同时意味着该股票具有较高的投资风险。（如图 9-11）

【每股指标】

财务指标（单位）	2009-09-30	2008-12-31	2007-12-31	2006-12-31
审计意见		标准无保留意见	标准无保留意见	标准无保留意见
每股收益（元）	0.0100	-0.2200	0.0100	0.5000
每股收益扣除（元）	0.0000	-0.2200	-0.0500	0.3600
每股净资产（元）	1.6930	1.6848	1.89962	2.5100
每股资本公积金（元）	0.0218	0.0218	0.0171	0.0222
每股未分配利润（元）	0.5101	0.5039	0.7197	1.2912
每股经营活动现金流量（元）	-0.1108	0.0703	0.1859	0.0055
每股现金流量（元）	-0.2554	0.1027	0.2153	-0.2959

图 9-11　每股指标

实训十

K线及其典型组合分析与操作

► **实训目的**

了解K线含义，能根据K线判断多空力量对比，掌握几种典型的K线组合，并能熟练运用K线组合进行后市分析。

► **实训内容**

1. 认识K线，分析K线的构成。

2. 根据K线判断当日多空力量对比。

3. 分析个股的K线图，判断其近期K线组合，并简要分析后市走势。

► **实训步骤**

一、K线的画法和表示方式

K线是由日本的一位白米商人本间宗久发明的标有开盘价、最高价、最低价、收盘价四种价位的K线表示。

K线图的画法首先是以纵轴表示价格，横轴表示时间。K线图也叫阴阳烛线图，它由影线和实体两部分构成，实体部分反映开盘价和收盘价的价格水平和相互关系，影线反映最高价和最低价的价格水平和相互关系。就影线而言，在实体上方的部分叫上影线，在实体下方的部分叫下影线。实体根据开盘价和收盘价的相互关系，又分成阳线和阴线两种。收盘价高于开盘价的叫阳线，用白色表示；收盘价低于开盘价的叫阴线，用黑色表示。总之，K线图是根据开盘价、收盘价、最高价、最低价这四个价格来进行绘制的，K线总体的大小代表一天、一周或一个月股价的波动幅度。

按不同时间，分为日、周、月、年K线图及分钟K线图等。以日K线为例，一日之间的开盘价与收盘价之间以实体表示。收盘价比开盘价低，为阴实体；收盘价比开盘价高，为阳实体。最高价高于实体的上限，称为上影线，最低价低于实体的下限称为下影线，均用细线表示。（如图 10-1）

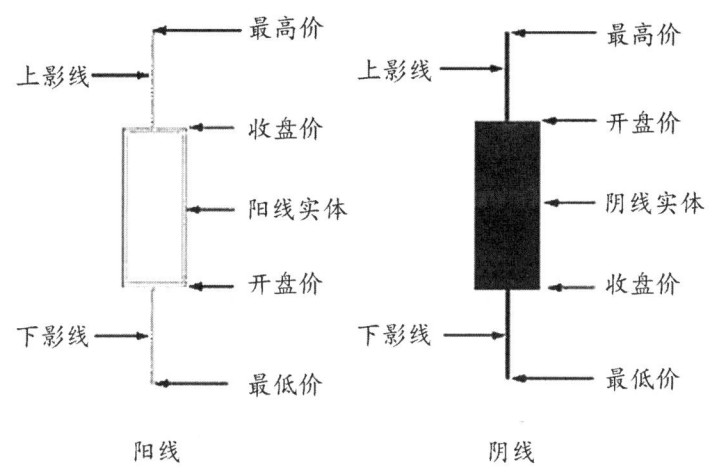

图 10-1　K 线解释

若最高价等于收盘价或开盘价，最低价等于开盘价或收盘价，则无上、下影线；收盘与开盘价相等，则成为特殊型 K 线。具体 K 线图有光头光脚阴（阳）K 线、含上影线的光脚阴（阳）K 线、含下影线的光头阴（阳）K 线、含上下影线的阴（阳）K 线以及 T 字型、倒 T 字型、十字型和一字型 K 线等 12 类。（如图 10-2）

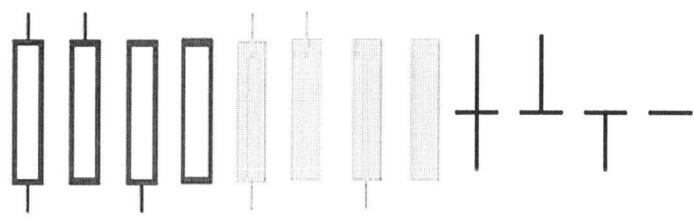

图 10-2　K 线的种类

二、K 线分析三要素

K 线图分析中有三个基本的要素，即阴阳关系、实体大小和影线长短。

1. 阴阳关系

按照开盘价和收盘价的相互位置，可以确定某天、某周或某月的 K 线是阴线还是阳线，它们代表了一天、一周或一个月的总体趋势方向，阴线表示总体的趋势方向为下跌，阳线表示总体的趋势方向为上升。

2. 实体大小

开盘价至收盘价之间的距离，在 K 线图上是用蜡烛形状来表现的，这是它的另一名称——烛线图的来历，这一段距离被称为实体。实体距离的大小反映了市场内的供求关系，通过实体距离的大小可以判断某天、某周或某月总体趋势的程度。阴线实体越大，表明供过于求，越有利于下跌；阳线实体越大，表明供不应求，越有利于上涨。比如在多头市场上，K 线的图谱就会连连拉出阳线，资金入市越强烈，市场动能就越大，大阳线就拉得越长。

3. 影线长短

K 线的上下影线代表了趋势是否受阻以及阻力的大小，可以作为一种转折信号。影线越长，代表转折信号越强烈。一般来说，指向一个方向的影线越长，表明往该方向受到的阻力越大，越不利于股价今后朝这个方向变动。比如在多头市场上，阳线上的上影线越长，代表多头市场的转折信号越强烈。在实践中，一般以两倍于实体以上的上影线代表强烈见顶信号，以两倍于实体以上的下影线代表强烈的见底信号。由于影线越短，转折的可能性越小，影线越长，转折的可能性越大，所以在同一条 K 线的上下影线中，应该重点参考那条较长的影线，它代表了趋势的走向，这样可以简化 K 线判研。

根据上述三个基本要素，K 线的阴阳转换、实体的大小变化、影线的长短变化是无限丰富的，所以 K 线的变化也是无限丰富的。虽然 K 线的变化是无限丰富的，但是只要从以上三个基本要素出发进行理解和分析，一些复杂的问题就能够迎刃而解。

三、K 线与多空力量对比

多空双方是指的"多头"和"空头"。多头是指投资者对股市看好，预计股价将会上涨，于是趁低价时买进股票，待股票上涨至某一价位时再卖出，以获取差额收益的一方。空头是认为股价已经涨到一个高点，不看好股市前景，预计股价将会下跌，抛售手中股票的一方。

从多空力量对比来看，若当日多方力量强于空方，股价将上涨，在 K 线图上表现为阳线；反之则为阴线。再看上影线和下影线，其长短都代表了当日多空双方的多次较量。

四、常见 20 种 K 线

K 线所包含的信息是极为丰富的。以单根 K 线而言，一般上影线和阴线的实体表示市场价格的下压力量，下影线和阳线的实体表示市场价格的上升力量；上影线和阴线实体比较长就说明市场价格的下跌势能比较大，下影线和阳线实体较长则说明市场价格的扬升动力比较强。（如图 10-3）

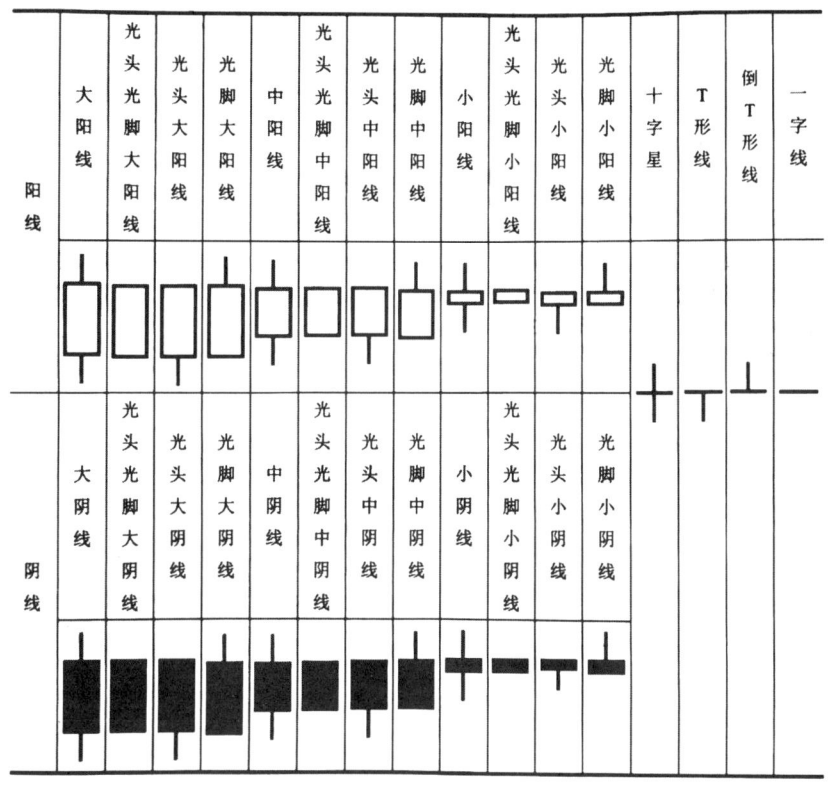

图 10-3　常见的 K 线

（1）光头光脚阳线。该线是一条既无上影线，也无下影线的图线。表示上升走势强劲，后市可继续看好。

（2）光脚阳线。即只有上影线而无下影线的阳线。表示上升力量较强，但上挡的压力开始显现。

（3）光头阳线。即只有下影线而无上影线的阳线。表示上升力度较大，行情继续看好。

（4）大阳线。即实体较大，而又带有上下影线的图线。显示较强的上升走势，后市看好。

（5）小阳线。也叫小棋子，实体较小，同时带有不太长的上下影线，显示走势扑朔迷离，行情难料。

（6）星形阳线。也称极阳线，实体很小，上下影线也较短，走势不确定，涨跌难判断。

（7）长下影阳线。也叫上吊阳线，实体较小，下影线较长，无上影线，或只有很短的上影线。该图线若处在高价位，是行情见顶的信号，应卖出股票；若处在低价位，则是行情见底的信号，可考虑买入股票。

（8）长上影阳线。也叫流星线，实体较短，上影线较长，无下影线或只有很短的下影线。该线与上吊阳线的性质一样，若处在高价位，是行情见顶的信号，应卖出股票；若处在低价位，则是行情见底的信号，可考虑买入股票。

（9）全秃阴线。也称光头光脚阴线，该线是一条既无上影线，也无下影线的图线。表示上升走势很弱，行情看淡。

（10）收盘秃阴线。也称光脚阴线，即只有上影线而无下影线的阴线。表示弱势形态，行情看淡。

（11）开盘秃阴线。也称光头阴线，即只有下影线而无上影线的阴线。虽然下挡出现了支撑，但行情一时还难以变好。

（12）大阴线。即实体较大，而又带有上下影线的图线。显示弱势走势，后市看淡。

（13）小阴线。也叫小棋子，实体较小，同时带有不太长的上下影线，显示走势扑朔迷离，行情难料。

（14）星形阴线。也称极阴线，实体很小，上下影线也较短，走势不确定，涨跌难判断。

（15）长下影阴线。也叫上吊阴线，实体较小，下影线较长，无上影线，或只有很短的上影线。该线若处在高价位，是行情见顶的信号，应卖出股票；若处在低价位，则是行情见底的信号，可考虑买入股票。

（16）长上影阴线。也叫流星线，实体较短，上影线较长，无下影线或只有很短的下影线。该线与上吊阳线的性质一样，若处在高价位，是行情见顶的信号，应卖出股票；若处在低价位，则是行情见底的信号，可考虑买入股票。

（17）四值同一线。即开盘价、最高价、最低价、收盘价为同值图线。在上升趋势里，显强势；在下降趋势里，显弱势。这种 K 线图一般只出现在涨停板，也叫作一字板涨停。

（18）丁字线。也称风筝线，处在高位，显示见顶信号；处在低位，显示见底信号。

（19）倒丁字线。也称灵位线，处在高位，显示见顶信号；处在低位，显示见底信号。

（20）十字星线。处在高位，显示见顶信号；处在低位，显示见底信号。

四、K 线组合分析

单一的 K 线代表的是多空双方一天之内的战斗结果，不足以反映连续的市场变化，多条 K 线的组合图谱才可能更详尽地表述多空双方一段时间内"势"的转化。多空双方中任何一方突破盘局获得优势，都将形成一段上涨或下跌的行情，这也就是所谓"势在必行"。而随着这种行情的不断发展，又为对方积攒着反攻的能量，也就是"盛极而衰"。研究 K 线组合图谱的目的，就是通过观察多空势力强弱盛衰的变化，感受双方"势"的转化，顺势而为，寻找投资机会。

1. 早晨之星

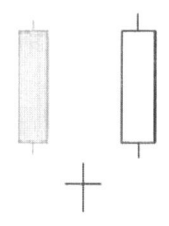

早晨之星是由三根K线组成的K线组合形态，它是一种行情见底转势的形态（如图10-4）。这种形态如果出现在下降趋势中应引起注意，因为此时趋势已发出比较明确的反转信号，是一个非常好的买入时机。

K线组合之早晨之星的形态特征如下：

（1）在下降趋势中某一天出现一根抛压强劲的长阴实体，显示短期走势可能会仍然向下，跌势可能会继续。

图 10-4　早晨之星

（2）第二天出现一根向下跳空低开的十字形或锤形，且最高价可能低于第一天的最低价，与第一天的阴线之间产生一个缺口，显示跌幅及波幅已略有收缩，带来可能转好信号。具体的第二根K线的位置有时会不同，需要我们灵活地把握。

（3）第三天出现一根长阳实体，买盘强劲，显示市况已转好，逐步收复失地。

早晨之星的K线形式一般出现在下降趋势的末端，是一个较强烈的趋势反转信号，谨慎的投资者可以结合成交量和其他指标分析，得出相应的投资参考。（如图10-5）

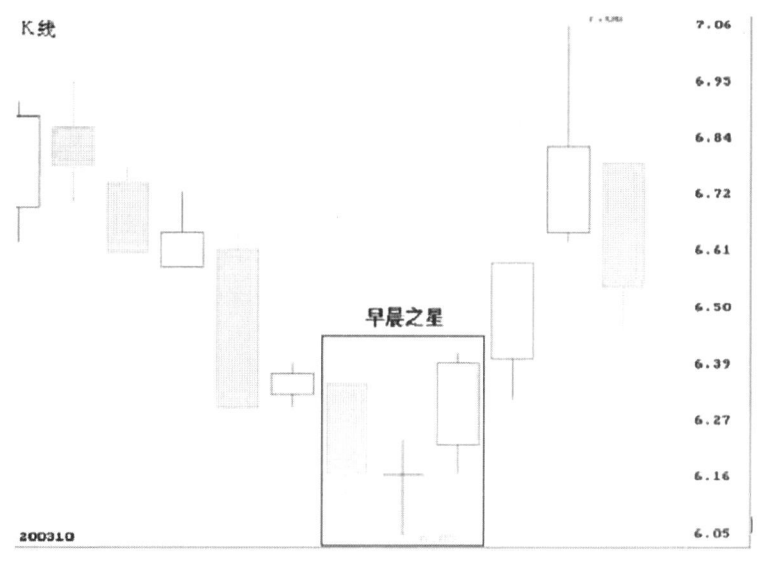

图 10-5　早晨之星的运用

2. 黄昏之星

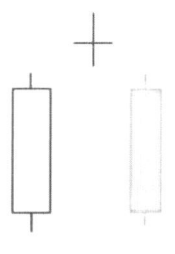

黄昏之星是一种类似早晨之星的K线组合形式，可以认为是后者的翻转形式，因此黄昏之星在K线图中出现的位置也与后者完全不同。（如图10-6）

下面是黄昏之星的特征与可能的当日走势：

（1）在上升趋势中某一天出现一根长阳实体，显示出继续上涨的趋势。

图 10-6　黄昏之星

（2）次日出现一根向上跳空高开的十字形或锤形，且最低价可能高于头一天的最高价，与前一天的阳线之间产生一个缺口，有时可能会有一些变形，我们需要灵活把握。

（3）第三天出现一根长阴实体，卖盘强劲。

黄昏之星的情况同早晨之星正好相反，是较强烈的上升趋势中出现反转的信号。黄昏之星的 K 线组合形态如果出现在上升趋势中应引起注意，因为此时趋势已发出比较明确的反转信号或中短期的回调信号，对于我们来说可能是非常好的卖出时机或中短线回避的时机。同时如能结合成交量的研判，对于提高判断的准确性有更好的帮助。下面是黄昏之星在实际 K 线图中的走势情况，可以看出在走出形态组合的同时，成交量也放出，其后该股走出一段调整走势。（如图 10-7）

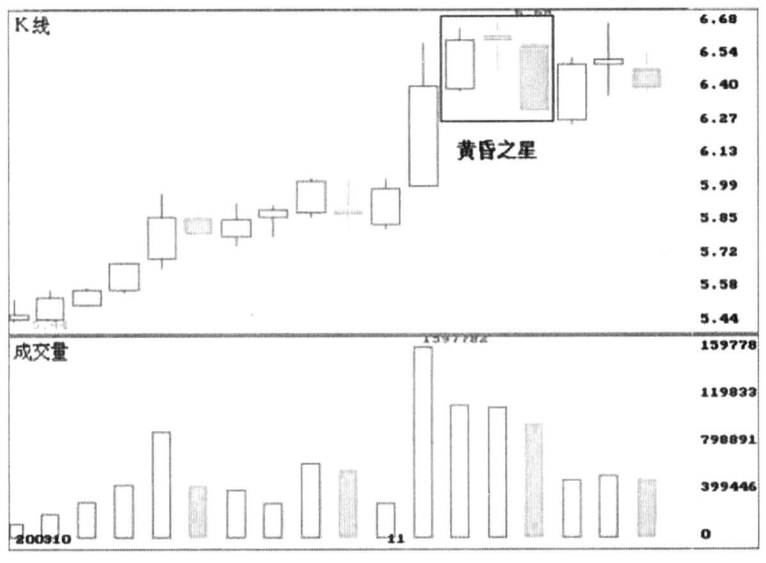

图 10-7　黄昏之星的应用

3. 红三兵

红三兵是一种很常见的 K 线组合，这种 K 线组合出现时，后势看涨的情况居多。尽管如此，但我们却很难给红三兵的 K 线组合形式下一个准确的定义，为了便于大家的判断，我们还是给出几个常见的特征：

（1）每日的收盘价高于前一日的收盘价。

（2）每日的开盘价在前一日阳线的实体之内。

（3）每日的收盘价在当日的最高点或接近最高点。

具体的 K 线显示情况如下。（如图 10-8）

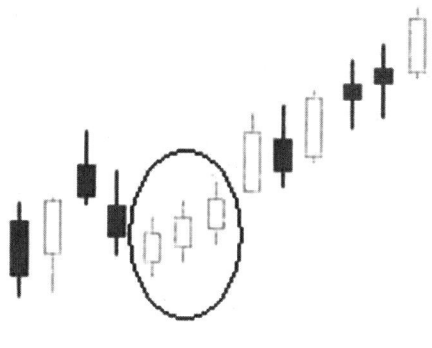

图 10-8　红三兵

红三兵如果发生在下降趋势中，一般是市场的强烈反转信号；如果股价在较长时间的横盘后出现红三兵的走势形态，并且伴随着成交量的逐渐放大，则是股票启动的前奏，可引起密切关注。下图是红三兵在走势中的实例。（如图 10-9）

图 10-9　红三兵的应用

4. 三只乌鸦

三只乌鸦是红三兵的反面"副本"，在上升趋势中，三只乌鸦呈阶梯形逐步下降，当出现三只乌鸦的组合形态，表明当前市场要么靠近顶部，要么已经有一段时间处在一个较高的位置了，出现此类 K 线形态一般表明股价后势将进一步下跌。（如图 10-10）

具体特征如下：

（1）在上升趋势中连续三天出现长阴线。

（2）每根阴线的收盘价低于前一天的最低价。

（3）每天的开盘价在前一天的实体之内。

（4）每天的收盘价等于或接近当天的最低价。

图 10-10　三只乌鸦

在具体的实例中，高位的三只乌鸦是应引起注意的，如下图中的情况。（如图 10-11）

图 10-11 三只乌鸦的应用

5. 乌云盖顶

乌云盖顶的 K 线组合一般出现在上升趋势中，如同刺穿线一样，是明显的趋势反转形态，其中阴线刺进前一根阳线的程度越深，顶部反转的可能性也越大。

乌云盖顶的具体特征如下：

（1）上升趋势中第一天是继续上涨的长阳线。

（2）第二天出现一根开盘价高于第一天最高点的阴线。

（3）第二天的阴线的收盘价低于第一天阳线实体的收盘价。

具体的图示如下。（如图 10-12）

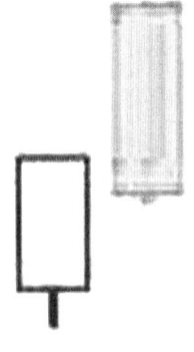

图 10-12 乌云盖顶

在实际 K 线走势中，当出现"乌云盖顶"的形态时，我们还应结合盘中的其他信息，如成交量是否放大等，这对于我们提高判断的成功率有较大的帮助。（如图 10-13）

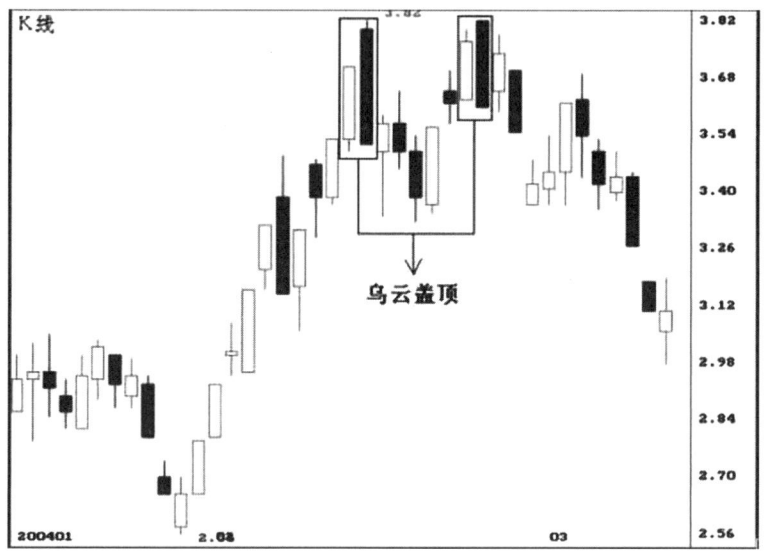

图 10-13　乌云盖顶的应用

6. 两阳夹一阴

两阳夹一阴也被称为是多方炮,是一种非常典型的看涨形态。

形态特征是上升途中两根阳线夹一根阴线,阴线被包含在里面。上升趋势中出现两阳夹一阴,短线看涨。(如图 10-14)

7. 两阴夹一阳

形态特征是下跌途中两根阴线夹一根阳线,阳线被包含在里面。下跌趋势中出现两阴夹一阳,短线看跌。(如图 10-15)

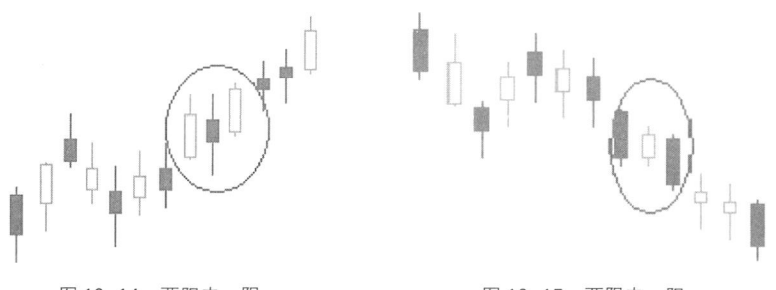

图 10-14　两阳夹一阴　　　　　图 10-15　两阴夹一阳

实训十一
K 线形态分析与操作

➤ **实训目的**

掌握几种典型的 K 线形态，并能熟练运用。

➤ **实训内容**

1.认识几种典型的反转形态，能识别形态特征，并找出突破位，掌握操作方法。

2.认识几种典型的整理形态，能识别形态特征，并找出突破位，掌握操作方法。

➤ **实训步骤**

一、几种典型的反转形态

（一）双重形态识别及操作

双重形态分双重顶（M 头）和双重底（W 底）两种形态。双重顶和双重底的出现频率较高，是反转形态。当证券价格上升至某一高价位时，出现大成交量，证券价格随后开始下跌，成交量跟着减少。然后，证券价格又上升至与前一高价位几乎相等的顶点，成交量随之大增，之后，证券价格再次下跌，这样形成双重顶。本形态的两个峰处在大致相同的水平，当其中颈线（谷底处）被收市价格跌破，本形态完成，是卖出信号。双重底与双重顶形态正相反。双重底的颈线被突破（需成交量配合），是可靠的买入信号。

画出双重形态颈线的方法如下：

在双重顶形态中，找出价格下跌的低位，并在该低位画出一条水平线，即为颈线。
（如图 11-1 左图）

在双重底形态中，找出价格上涨的高位，并在该低位画出一条水平线，即为颈线。（如图 11-1 右图）

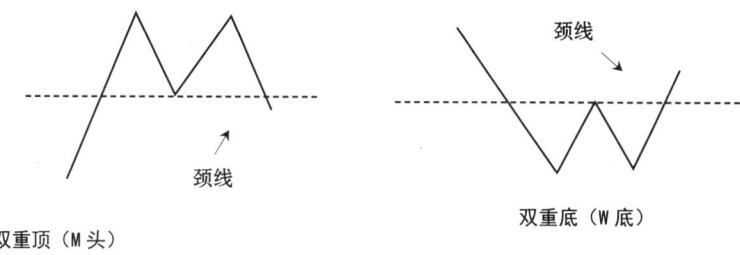

图 11-1　双重形态的颈线

双重顶形态的运用要点如下：

（1）颈线跌破 3% 以上，为有效突破的重要标志，是反转向下形态完成的信号，应采取及时离场的操作策略。

（2）双重顶在跌破颈线跌势成立以后，其下跌幅度可以预测，跌幅一般是形态高度的 1~2 倍。因此，双重顶做得越大，下跌的幅度会越大；相反，双重顶做得越小，下跌幅度就越小。

（3）双重顶突破颈线后会有短暂的回抽，回抽高度一般就在颈线附近，转而继续下跌，这是最后的出逃机会，一定要果断。当然，如果投资者能够预见股价将出现 M 头形态，第二高点是最佳的出逃机会。（如图 11-2）

（4）双重顶的确认要有一定的时间概念，两个高点之间的相隔时间一般要在一个月以上才能够确定，时间太短的形态不可靠。也就是说，形态是否成立将面临诸多质疑。在绝大多数的真实形态中，两个峰值的时间间隔应是两三个月甚至更长，通常不会少于一个月。

（5）双重顶中的第二个头在相当多的情况下是低于第一个头的，而且，第二个顶点的成交量通常比第一个顶点的成交量有明显的缩小。另外，双重顶不一定都成为反转信号，有时候也会转为矩形这样的整理形态，如果两个高点之间的时间间隔太短，就有可能成为持续整理形态。

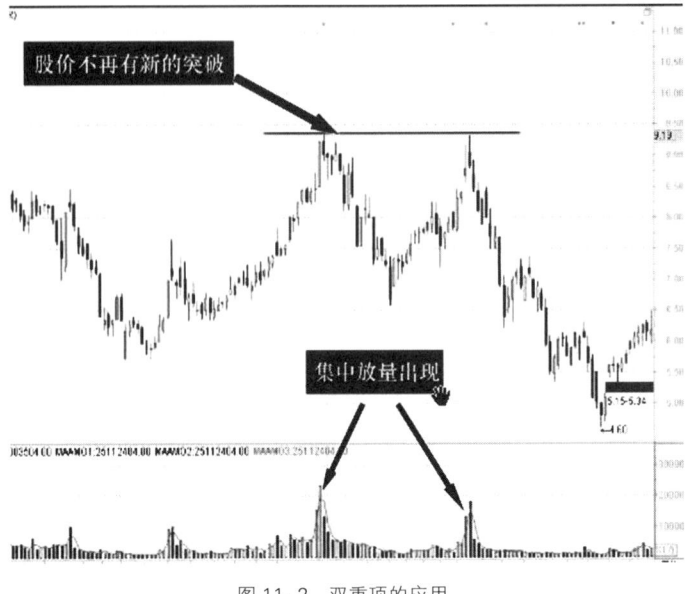

图 11-2　双重顶的应用

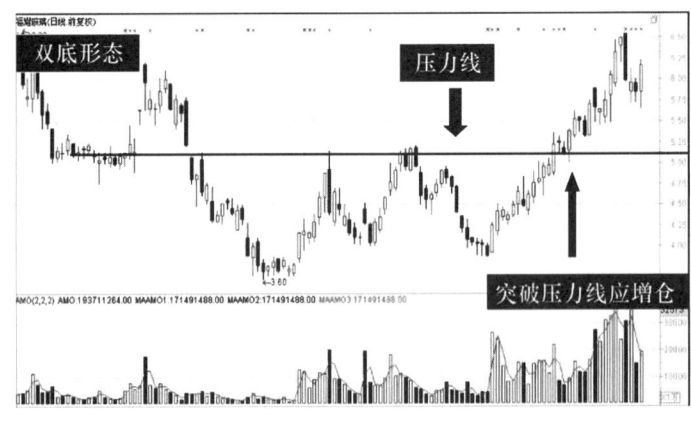

图 11-3　双重底的应用

双重底形态的运用要点如下：

（1）股价向上突破颈线压力位 3% 以上，可判定为反转形态成立。一旦形态成立，应该果断介入。双重底形态是一种常见的底部反转形态，经常可以观察到，应该加以重视。

（2）形态成立，涨势确立以后，其上涨的幅度可以大致进行预测，涨幅一般是形态高度的 1~2 倍。所以，双重底的形态高度越高，今后上涨的幅度也会越大；反之，则越小。

（3）双重底突破颈线后会有短暂的回落，回落的低点一般就在颈线附近，转而继续上涨，这是最后的买入机会，一定要果断。如果投资者有经验能够预见会出现 W 底，那么第二个低点就是最佳的买入时机。（如图 11-3）

（4）双重底的确认也有一个时间概念。一般来说，双重底两个低点之间的时间间隔在 30 个交易日以上，股价反转的可靠性大为提高。最短的时间间隔不能少于 10 个交易日，时间太短的形态不可靠。

（5）双重底的第二个低点，在相当多的情况下是高于第一个低点的，而且第二个低点的成交量通常比第一个低点的成交量有所放大。另外，双重底也不一定都是反转信号，有可能转变为像矩形那样的整理形态。

（二）三重形态识别与操作

三重形态分三重顶和三重底两种形态。三重顶或三重底的三个峰或谷位也大致在相同的水平上。三重底形态中，向上突破时应有交易量的放大，且只有在颈线被向上突破后才得以确认。三重顶形态情况正好相反，其价格必须向下击穿颈线。三重顶（底）突破其颈线时，所下跌或上升的空间应至少为顶或底到颈线之间的距离。

画出三重形态颈线的方法如下：

在三重顶（头肩顶）形态中，找出价格下跌的两个低位，连接这两个点画出直线，即为颈线（如图11-4左图）。应用如图11-5。

在三重底（头肩底）形态中，找出价格下跌的两个高位，连接这两个点画出直线，即为颈线（如图11-4右图）。应用如图11-6。

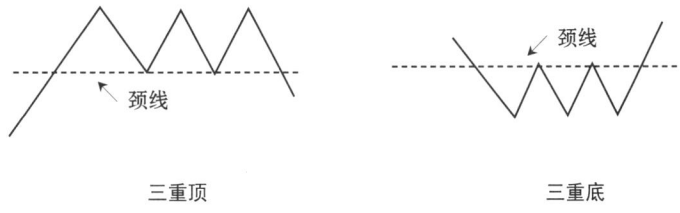

三重顶　　　　　　　　　三重底

图 11-4　三重形态的颈线

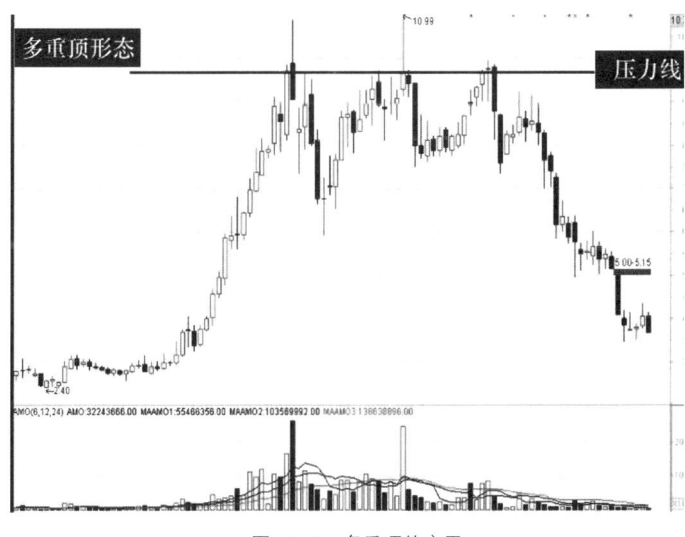

图 11-5　多重顶的应用

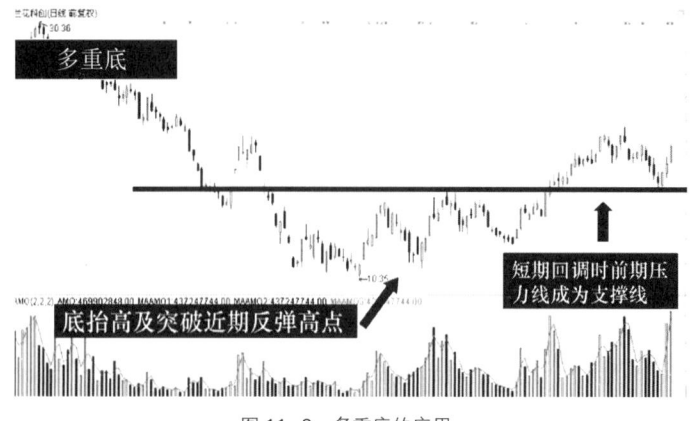

图 11-6　多重底的应用

头肩形是三重形态的典型形态，其他绝大多数反转形态都是头肩形的变体。头肩形又分为头肩顶形和头肩底形。（如图 11-7）

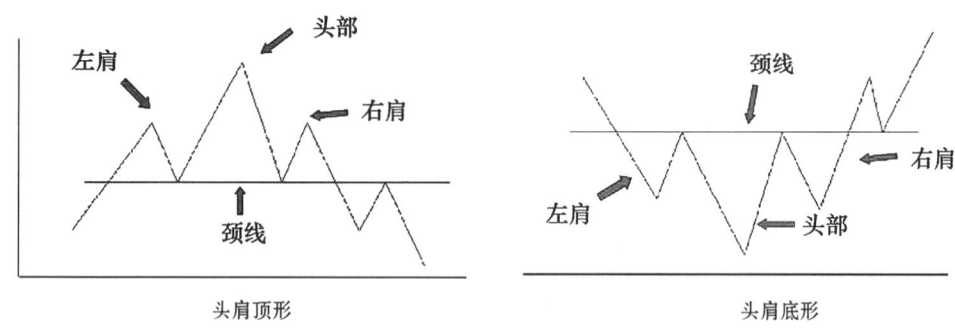

图 11-7　头肩形

头肩顶形态的运用要点如下：

（1）头部高点比左右肩高点高，左肩与右肩的高点大致相等，部分右肩较左肩低。但如果右肩的高点比头部还要高，则形态不能成立。另外，头肩顶形态有简单型和复合型两种，简单型为一头两肩，复合型为多头多肩。

（2）股价跌破颈线后，头肩顶形态才宣告成立。一般股价跌破颈线 3% 以上为有效突破，是形态形成的一个重要标志。头肩顶形态一旦形成，投资者应坚决出局，因为这是一个较长时间的转势信号。

（3）头肩顶的下跌幅度至少是形态高度，一般可能要达到形态高度的 2~3 倍。形态高度是头部位置至颈线的距离。在大多数情况下，股价至少要跌完测量的跌幅后才会再有反转上涨的可能。

（4）从成交量方面观察，头肩顶形态中的左肩成交量最大，头部次之，右肩最小。头肩顶形态完成后，初跌时成交量不一定放大，但日后继续下跌会使成交量放大。

（5）通常在完成颈线突破后，还有一次反弹向上但未能超过颈线压力的行情，此时为空头逃命的机会，一般称为逃命线。这是关键时刻，必须特别注意。不过回升不应超过颈线水平，否则头肩顶不能成立，成为一个失败的头肩顶。（如图11-8）

（6）虽然在标准的图形上，颈线是水平的，但是实际上，大多数情况下的颈线都呈现倾斜状态，如果颈线是从左往右下角倾斜，显示市场非常乏力。

（7）如果右肩股价最后在颈线位止跌回升，甚至高出中间的头部，这可能就是一个失败的头肩顶形态。要注意，头肩顶通常是一个长期上升趋势的转向形态，一般会在牛市的尽头出现，如果在低价区出现，则可能是多头设的陷阱。

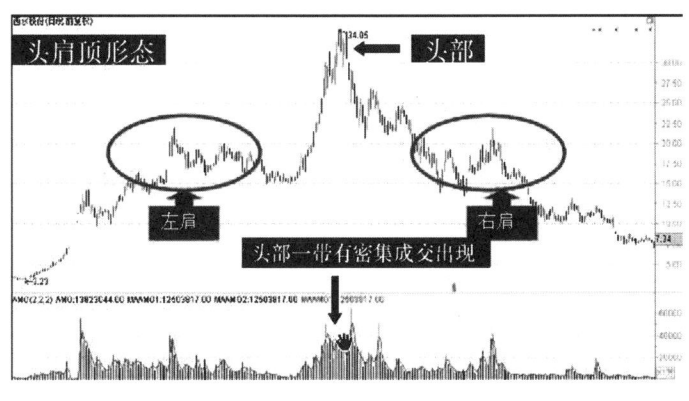

图11-8　头肩顶形态应用

头肩底形态的运用要点如下：

（1）底部低点比左右肩低点低，左肩与右肩的低点大致相等，部分右肩较左肩为高。但如果右肩的低点较头部还要低，则形态不能成立。另外，头肩底形态有简单型和复合型两种，简单型为一头两肩，复合型为多头多肩。

（2）股价向上突破颈线后，头肩底形态才宣告成立。一般股价突破颈线3%以上为形态成立的重要标志。头肩底形态一旦形成，投资者应坚决介入，因为这是一个较长时间的向上转势信号。

（3）头肩底的上涨幅度至少是形态高度，一般可能要达到形态高度的2~3倍。形态高度同样是头部位置至颈线的距离。在大多数情况下，股价至少要涨完测量的涨幅后才会再有反转下跌的可能。

（4）从成交量方面观察头肩底形态，左肩的成交量最大，头部次之，右肩最小。第一个下跌会或多或少显示出大量下跌趋势，此时成交量大增，跟着面临的是成交量比最后几天的下跌还要少的次级上升。第二个下跌与前面一个回升比起来成交量有一点增加，但是通常比左肩下跌时的成交量要少。第三个下跌，其成交量很明显少于左肩和头部的成交量。头肩底突破颈线时，需要较大的成交量，如果没有较大的成交量出现，它的可靠性就降低。

（5）通常在完成颈线突破后，还会有一次回落向下但未能超过颈线支撑的行情，此时

为买入的机会，是一个关键时刻，必须特别注意。不过回落不应超过颈线水平，否则头肩底不能成立。（如图11-9）

（6）虽然在标准的图形上，颈线是水平的，但是实际上很多颈线都呈现倾斜状态。如果颈线是从左往右上角倾斜，显示市场反转向上非常有力。

（7）如果右肩股价最后在颈线位止升回落，甚至低于中间的头部，这可能就是个失败的头肩底形态。要注意，头肩底通常是一个长期下跌趋势的转向形态，一般会在熊市的尽头出现，如果在高价区出现，则可能是空头设的陷阱。

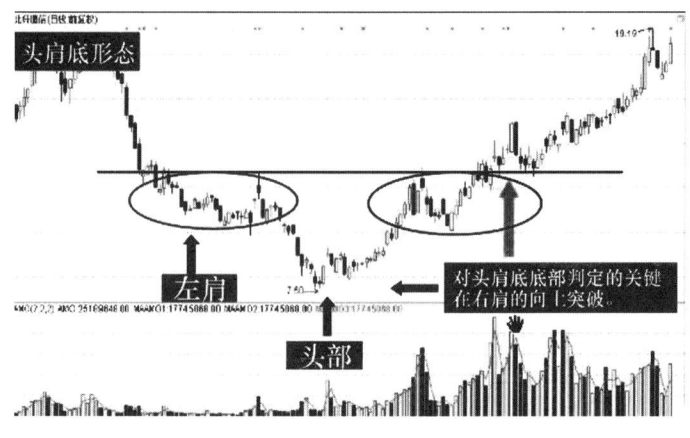

图11-9 头肩底形态应用

（三）圆弧形形态识别及操作

在各种图形形态之中，圆弧顶（底）所酝酿的时间是最长的。当圆弧顶在形态开始形成迹象之时，我们思维上必须坚决抑制自己心中的过分贪婪，应当首先考虑卖出而不是买进。一旦向下的突破形成，全线清仓则必定是我们的首选操作方式。

而当圆弧底开始在形态上露出其形成的迹象时，这对于我们而言，则是一个绝佳的买入时机，我们完全可以充分利用这种缓慢、有序的转变过程，从容地吸足筹码，以把握好后市即将来临的上涨。与此同时，我们也必须密切地对整个形态形成的全过程进行跟踪分析，防止整个形态运行途中因为其他的因素如消息面影响而扭转或改变了原来的形态。一旦出现这种情况，此时，我们则应当顺势而为，决不可机械地生搬硬套圆弧形的操作原则。

在实际的价格运动中，圆弧形顶部极少出现，圆弧形底部有时会以不太标准的姿态出现，但成交量却往往呈现出一个与价格类似的圆弧形，只是正好反向。当圆弧形底部出现后，往往一轮大的上涨趋势即将来临，只是它的上升趋势经常很缓慢，而且会被频繁打断，让没有耐心的交易者出局，但最终的收益还是相当可观的。总体说来，圆弧形状态不会出现在投机性强的品种当中，它体现着温和品种的特性。（如图11-10）

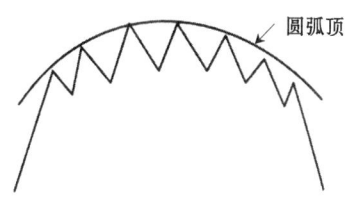

11-10　圆弧形形态

运用要点如下：

（1）圆弧顶在形成过程中，成交量有明显的两头大、中间小的特征，呈现出明显的价涨量减、价跌量增的价量背离现象。越靠近顶部，成交量越小，到达顶点时，成交量会达到最小；之后，随着股价下跌，成交量会慢慢放大。

（2）圆弧顶形成，股价向下突破时，成交量会急剧放大，同时常常会出现跳空缺口或大阴线，这是强烈的出货信号。一旦下跌，幅度较大，投资者应该毫不犹豫地离场。

（3）圆弧顶的大小与形成的时间有密切关系。一般来说，圆弧顶形成的时间越长，今后反转的力度也会越强，形态的可信程度也越大。

（4）圆弧顶的打压往往属于爆发性的，跌得急，结束得也快，常常无须反弹，一口气完成。所以，投资者一旦确认圆弧顶，应在圆弧顶进入右侧时开始出货，这样可以有比较充分的时间采取行动，突破水平线是最后的卖出机会。

圆弧底形态的运用要点如下：

（1）圆弧底在形成过程中，成交量也有明显的两头大、中间小的特征，呈现出价跌量减、价涨量增的价量同步现象。越靠近底部，成交量越小，到达底部最低点时成交量会达到最小；之后，随着股价上涨，成交量会慢慢放大。

（2）圆弧底形成，股价向上突破时，成交量会急剧放大，同时常常会出现向上跳空缺口或大阳线，这是强烈的进货信号。一旦上涨，幅度较大，投资者应该毫不犹豫地介入。

（3）圆弧底的大小与形成的时间有密切关系。一般来说，圆弧底形成的时间越长，今后反转向上的力度也会越强，形态的可信程度也越大。

（4）圆弧底的拉升也是属于爆发性的，涨得急，结束得也快，往往无须回档，一口气完成。因此，投资者一旦确认圆弧底，应在圆弧底进入右侧时就开始进货，这样可以有比较充分的时间采取行动，突破水平线是最后的买入机会。

（四）V形形态识别及操作

V形顶（底）形态的出现，通常是报复性回撤（反弹）的结果。它往往在重大利空（利好）消息来临时产生，或是在严重的超买（超卖）运动中产生，由此形成了短期内价格的剧烈波动。（如图11-11）

V形转向形态一经确认，其走势的潜能或杀伤力度一般都是相当惊人的。根据V形态势把握买卖的时机，首先应当具备超人的勇气和胆识，以及敏锐的判断应变能力。在V形底部开始形成之际，要敢于果断进场抄底，前期下跌的幅度越大，则后市上涨的空间就越大，投资者切不可仍然停留在"熊市"的思维和心态之上，以致错失制胜的良机。而在V形顶部开始露出迹象之时，投资者坚决不能仍然流连在以往"上涨"的牛气之中，应当果断地作出抛售套现的决定，以免延误时间，惨遭套牢而亏损。与V形底一样，V形顶前期上升的幅度越大，则一旦转势之后，其下跌的空间也就越大，其杀伤的力度也就愈强。

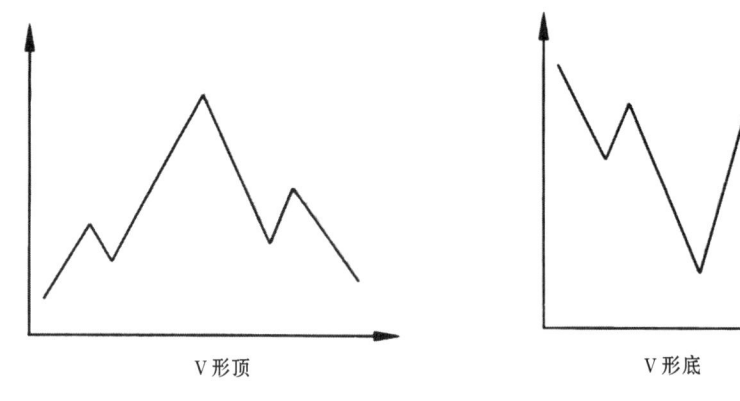

11-11　V形形态

V形顶（底）形态不容易判断，但它们的出现还是体现了一些规律：

（1）在反转之前，原趋势一路猛进，很少调整，且出现多次价格缺口，当局势突然不利时，反向运动就会猛烈地开始，体现出暴涨暴跌的特性。

（2）在反转的顶点，往往会出现岛型反转形态或者关键日反转形态（即某一日的K线出现很长的上影线，或者出现灵位线，或者出现吞没形态，且成交量巨大）。

（3）原有的趋势线非常陡峭，对反趋势运行的支撑很薄弱。于是当反转开始时，价格会急速突破原有趋势线，以更陡峭的方式反向行驶。

（4）因为前期价格运行速度快，所以在反转时往往没有重要的支撑位或阻力位可以提供，以至于价格回撤（反弹）至原趋势的1/3或1/2才得以停住。

二、几种典型的整理形态

所谓持续整理形态是指股价在经过一段时间的持续上涨或下跌后，开始进入盘整状态，股价运行缺乏明显的方向性，呈现横向波动状态，因此在股价走势图上所出现的典型图形被称为持续整理形态。持续整理形态通常反映现行趋势继续有效，呈现趋势的持续和巩固性质。但是，在某些特殊的情况下，有些持续整理形态也有可能转变成反转突破形态。

（一）矩形形态识别及操作

矩形形态又叫箱形，一种典型的整理形态。它是股价在上下两条水平界线之间上下起伏构成的技术形态。矩形表示一种实力相当的拉锯争斗，它代表趋势的停顿，行情在两条水平线中间横走。如果原来的趋势是上升，经过一段矩形整理后会继续原来的趋势，多方会占优势并采取主动，使股价向上突破矩形的上界。如果原来是下降趋势，则空方会采取行动，突破矩形的下界。矩形被突破后也具有测算功能，其涨跌幅度通常等于矩形本身的高度。形态高度就是矩形的高度。需要注意的是，矩形在其形成过程中极有可能演变成反转形态，即演变成三重顶（底）形态。（如图 11-12）

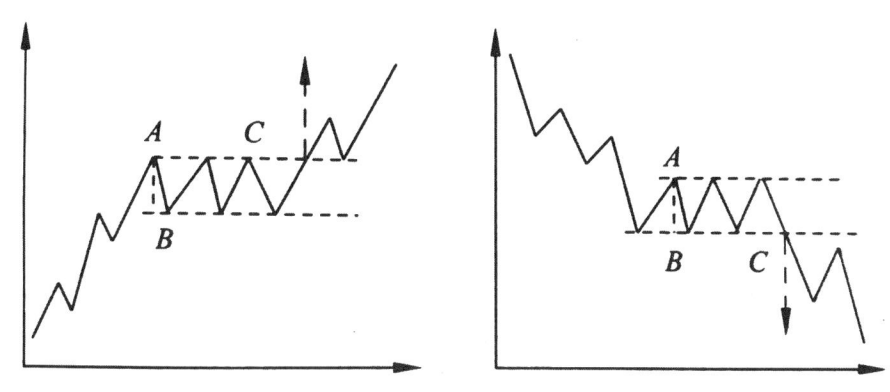

图 11-12　矩形形态

（二）三角形形态识别及操作

这是常见的整理形态，可分为对称三角形、上升三角形及下降三角形。对称三角形具有两条逐渐聚拢的趋势线，上面的直线（即上边线）下倾，下面的直线（即下边线）上升，证券价格经过一段时间的变化，其变动的幅度越来越小，即每次变动的最高价低于前次的价格，而最低价比前次价格高，呈一压缩的对称三角形。上升三角形的下边线上倾，上边线水平；下降三角形则正相反，上边线下倾，下边线水平。（如图 11-13）

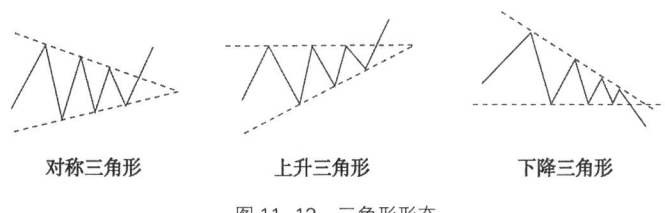

| 对称三角形 | 上升三角形 | 下降三角形 |

图 11-13　三角形形态

以对称三角形为例，在实际运用过程中，有如下几个要点：

（1）一般属于整理形态，证券价格会继续原来的趋势移动。

（2）证券价格变动愈接近其顶点而未能突破三角形界线时，其力量愈小。太接近顶点的突破无效，通常在距三角形端部一半或 3/4 处才会形成真正的突破。

（3）向上突破需要大成交量的伴随；向下突破则不必有大成交量配合，假如向下跌破时有极大的成交量配合，可能是一个虚假的跌破信号。

（4）有假突破时，应随时重划界线找出新的对称三角形。

值得注意的是，一般认为上升三角形突破必然向上，下降三角形突破必然向下，但实际情况也不尽如此。在很多情况下，三角形形态都不能事先确定股价的波动方向，其突破是否有效取决于两个方面。一是向上突破必须有成交量的配合，向下突破不一定要有成交量的配合。二是三角形突破只有在从起点至终点（末端）的 2/3 到 3/4 位置上发生，才会有效或具有相当的突破力度。股价若运行至末端才出现突破，其突破往往不会有效或缺乏力度。而且，上升三角形和下降三角形比对称三角形有更加明确的预测判断。

（三）旗形形态识别及操作

旗形走势就如同一面挂在旗杆上的旗帜，它的形状是一上倾或下倾的平行四边形。旗形大多发生在市场极度活跃，股价的运动是剧烈的、近乎直线上升或下降方式的情况下。由于上升下降得过于迅速，市场必然会有所休整，旗形就是完成这一休整过程的主要形式之一。旗形的上下两条平行线起着压力和支撑作用。这两条平行线的某一条被突破是旗形完成的标志。旗形也具有测算功能。旗形的形态高度是平行四边形左右两条边的长度。旗形被突破后，股价将至少要走到形态高度的距离，大多数情况是走到旗杆高度的距离。旗形又可分为上升旗形与下降旗形，如图 11-14 所示。

旗形形态要点有以下方面：

（1）旗形出现之前，一般应有一个旗杆，这是由于价格做直线运动形成的。

（2）旗形持续的时间不会太长，否则它保持原来趋势的能力将下降，经验表明应该短于 3 周。

（3）旗形形成之前和被突破之后，成交量都很大。在旗形的形成过程中，成交量从左向右逐渐减少。

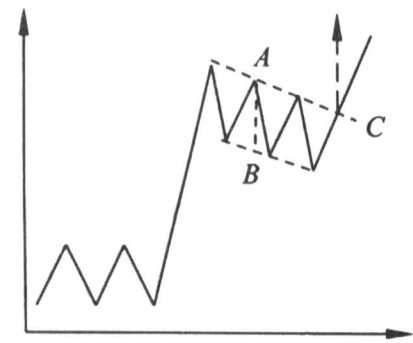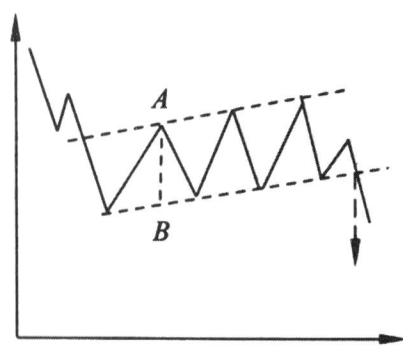

图 11-14　上升旗形和下降旗形

（四）楔形形态识别及操作

楔形系股价介于两条收敛的直线中变动。就外形和形成时间而言，楔形与对称三角形相似，不同之处在于两条界线同时上倾或下斜。其成交量变化和三角形一样，即成交量都是越接近端部，成交量越少。楔形又分为上升楔形和下降楔形，如图 11-15 所示。上升楔形是指股价经过一次下跌后有强烈技术性反弹，价格升至一定水平又掉头下落，但回落点较前次高，又上升至新高点比上次反弹点高，又回落形成一浪高一浪之势，把短期高点相连，短期低点相连形成两条向上倾斜直线，下面一条则较为陡峭。下降楔形则相反，高点一个比一个低，低点也一个比一个低，形成两条同时下倾的斜线。同旗形和三角形一样，楔形有保持原有趋势方向的功能，股价运行趋势的途中会遇到这种形态。

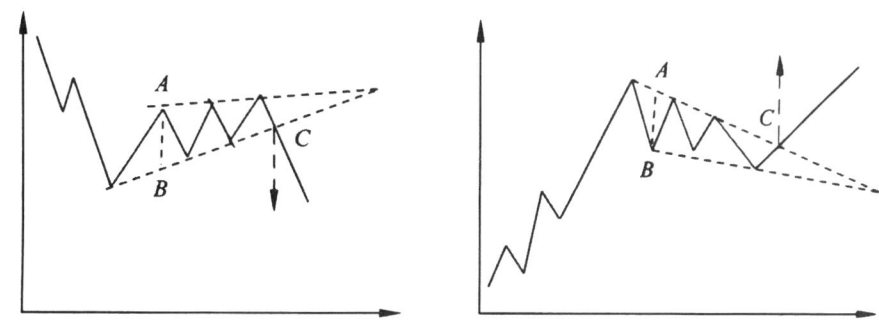

图 11-15　上升楔形和下降楔形

上升楔形形态运用的要点如下：

（1）上升楔形大多出现在股价上升过程的中途，是一种重要的整理形态，一旦整理形态结束，继续上升的概率较大。上升楔形如果出现在股价下跌过程的结束段，多为主力建仓吸货行为，是一种重要的反转信号，一旦突破压力线，应果断介入。

（2）上升楔形在没有突破以前，成交量呈现比较温和的状态，可以采取观望态度，等待打破徘徊局面，以跟进方式较为安全、省力。

下降楔形形态运用的要点如下：

（1）下降楔形主要出现在股价下跌过程的中途，是一种重要的整理形态，一旦整理形态结束，继续下跌的概率很大，当其突破支撑位时是明确的卖出信号。如果下降楔形出现在股价上涨趋势的结束段，则是一种重要的反转信号，意味着上升趋势将要结束且配有成交量突破支撑线，应该果断离场。

（2）下降楔形在没有突破以前，成交量呈现比较温和的状态，在没有突破以前可以采取观望态度，等待打破徘徊局面，以跟进方式较为安全省力，股价突破支撑线为出货时机，这样可以避免因过早介入造成形态突然变化带来的损失。

实训十二
移动平均线及买卖法则

➤ **实训目的**

掌握移动平均线，并能运用买卖法则进行投资操作。

➤ **实训内容**

1.认识移动平均线的概念、种类及作用。

2.掌握移动平均线的运用技巧。

➤ **实训步骤**

移动平均线（Moving Average，简称MA），MA是用统计分析的方法，将一定时期内的证券价格（指数）加以平均，并把不同时间的平均值连接起来，形成一根MA，用以观察证券价格变动趋势的一种技术指标。

移动平均线是由著名的美国投资专家Joseph E. Granville（葛兰碧，又译为格兰威尔）于20世纪中期提出来的。均线理论是当今应用最普遍的技术指标之一，它帮助交易者确认现有趋势，判断将出现的趋势，发现过度延伸即将反转的趋势。

一、移动平均线的种类

移动平均线常用线有5天、10天、30天、60天、120天和240天的指标。其中，5天和10天的短期移动平均线，是短线操作的参照指标，称为日均线指标；30天和60天的是中期均线指标，称为季均线指标；120天、240天的是长期均线指标，称为年均线指标。对移动平均线的考查一般从几个方面进行。

二、移动平均线的作用

1. 帮助观察股价运行方向

通过对移动平均线的观察可以参考研判股价运动的方向，也就是我们常说的判断是"上升趋势"还是"下降趋势"。

2. 提示当前市场的平均价格

通过观察股价和移动平均线的关系，或者点位和移动平均线的关系，可以提示当前市场的平均价格或者说是一段时间内的盈亏情况。

3. 对股价有助涨助跌的影响

（1）牛市：移动平均线呈现多头排列，是多头市场的特征，股价一路被均线托举着向上运行，此时我们可以将移动平均线看成是股价的支撑线，或者是多头的防线。股价中途回调触及重要均线，往往会得到有效的支撑，反而可能成为牛市中买入的时机。

（2）熊市：股价一路被移动平均线压制着向下运行，此时的均线成为空头的防线，股价稍有反弹触及重要的均线，就会受到较大的抛盘压力，股价随即被打回原形，继续一路走低。所以，介于均线的助跌作用，在熊市中每次股价反弹触及重要均线，可以看作出逃的时机。

三、移动平均线交叉和排列的运用技巧

上升行情初期，短期移动平均线从下向上突破中长期移动平均线，形成的交叉叫黄金交叉，属于买入信号。

当短期移动平均线向下跌破中长期移动平均线形成的交叉叫作死亡交叉，预示股价将下跌。黄色的 5 日均线下穿紫色的 10 日均线形成的交叉，10 日均线下穿绿色的 30 日均线形成的交叉均为死亡交叉。

在上升行情进入稳定期，5 日、10 日、20 日等移动平均线从上而下依次顺序排列，向右上方移动，称为多头排列。预示股价将大幅上涨。（如图 12-1）

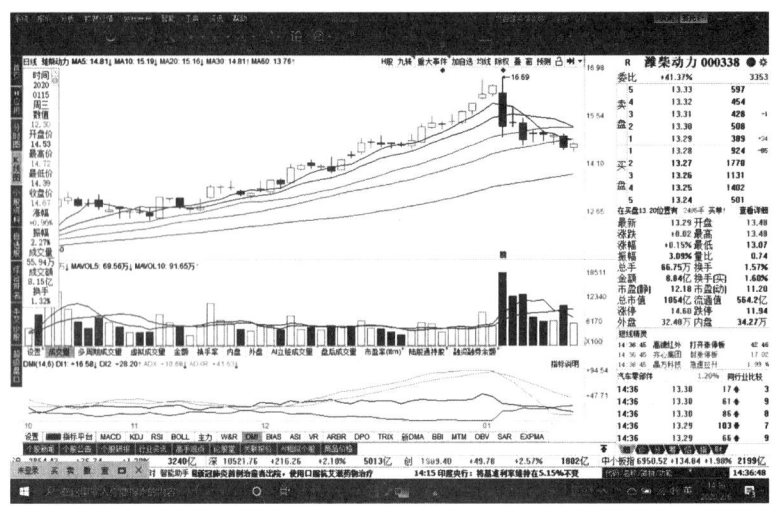

图 12-1　多头排列

空头排列是指短期、中期或长期均线从低到高依次排列，并且朝头向右下方延伸，说明投资者正在纷纷卖出，后市将进入跌势，是卖出信号。（如图 12-2）

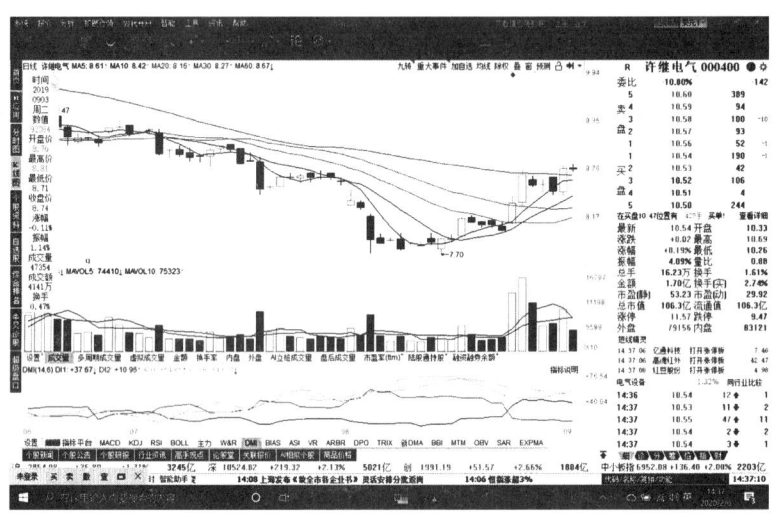

图 12-2　空头排列

四、葛兰威尔移动平均线交易法则

葛兰威尔是美国证券投资分析大师，他提出了运用移动平均线的八大法则。（如图 12-3）

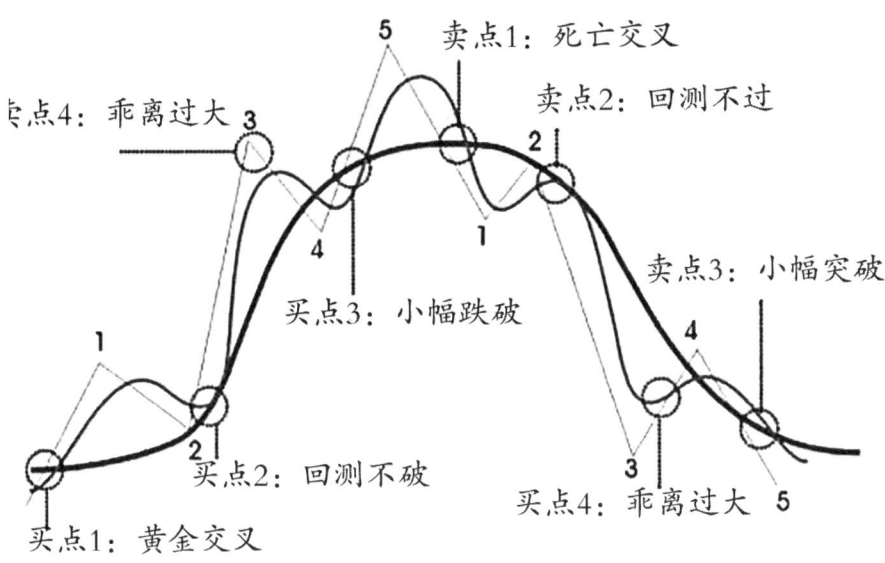

图 12-3　葛兰威尔移动平均线八大法则

（1）当移动平均线持续下降后转为平稳，并具有向上抬头的迹象，而股价线从移动平均线下方突破移动平均线，这是买入信号。因为，移动平均线已经转平并上升，表示股价将转为上升趋势。而此时股价线若再从移动平均线的下方向上突破延伸，就表示股价已经脱离了卖方压力，买方开始处于相对优势地位。

（2）移动平均线呈上升状态，但是股价线却降至移动平均线的下方时，属于买进信号。这是因为移动平均线变动比较缓慢，股价会因为急速下降而跌进移动平均线以下。一般来说，这种下跌只是一种暂时的现象，过几天之后股价一般会回升到移动平均线的上方。

（3）股价在移动平均线的上方并朝着移动平均线下跌，但没有跌破移动平均线或者说还没有与移动平均线交叉，又再度转为上升时，也是买进信号。这是因为股价线下跌但没有跌破移动平均线，表示投资者获利回吐；在整个股市上升趋势强劲的情况下，股价在短期内经过重整以后，又会强劲上升，所以也是买进机会。

（4）移动平均线呈下降状态，同时股价线处于移动平均线的下方并且以更加倾斜的角度出现暴跌，导致股价线与移动平均线大幅度偏离，造成乖离率过大时，也是买进信号。这是因为当股价急剧下跌而且跌幅很大时，很可能出现卖出者重新买进自己卖出的股票，这叫作空头回补现象，所以也是买入时机。

（5）移动平均线由上升转为平移或者下降状态，而股价线从移动平均线的上方跌破移动平均线的时候，是卖出信号。因为移动平均线转平或者下降，表示股价将转为下降趋势，而此时股价线再从上方向下突破移动平均线，表示股价已经失去买方支撑，卖方处于相对优势地位，卖方意向趋强，行情将要反转，所以是平仓信号。

（6）移动平均线处于下降状态，而股价线却由移动平均线下方升至其上方时，也是卖出信号。这是因为移动平均线正在缓慢下降，而股价线却因急速上升而走到移动平均线的上面。一般来说，这种上升只是一种暂时现象，过几天股价线通常又会回到移动平均线的下方，所以是卖出时机。

（7）股价经过大幅度的下降在移动平均线的下方，之后出现反弹并且朝着移动平均线的方向上升接近移动平均线，但是在还没有突破移动平均线或者说还没有与移动平均线交叉的时候又掉头下降，是卖出信号。这是因为股价上升但未突破移动平均线，表明股价上档压力较重，在整个股市处于跌势的情况下，股价在短期内还会大幅度下跌，所以是卖出时机。

（8）移动平均线呈上升状态，而股价线在移动平均线的上方以更加陡峭的角度向上延伸并且远离移动平均线，导致乖离率过大时，也是卖出信号。因为这表示近期多头皆有利可图，随时会产生获利回吐的抛盘，所以是卖出时机。

五、移动平均线的主要缺陷

移动平均线虽然有较高的理论价值，而且非常实用，但也存在一定的缺陷，有很多不足之处，需要在使用时加以注意。

（1）信号滞后，不能及时反应趋势转向。移动平均线的最大不足之处是它的信号滞后，不能够及时反应趋势转向。由于移动平均线是对过去一段时间收盘价平均统计的结果，所以变动比较稳定，而且越是期限长的移动平均线越是稳定。稳定的优点是能够反映趋势，但是其缺点是对于最新股价的反应比较滞后，在股价原有趋势发生反转时，移动平均线调头的速度往往落后于大趋势，信号过于迟缓，不能够及时反应趋势转向。

（2）盘整时信号容易失效。当行情在一个不大的范围内横向盘整时，会出现多条移动平均线反复交叉纠缠在一起的情形。这时移动平均线的交叉、拐点等买卖信号已经失效，如果仍然按照信号操作，就是教条主义，很容易正反吃耳光。在这种情况下，应该暂时停止使用移动平均线。

（3）对转折点的出现无法量化。股价到底离移动平均线多远才会出现转折点，这个问题的答案移动平均线是无法告诉你的，当然这个问题可以用乖离率指标来解决。

实训十三
波浪理论及操作

> **实训目的**

掌握波浪理论，并能运用买卖法则进行投资操作。

> **实训内容**

1. 认识波浪理论的基本形态特征及作用。
2. 掌握数浪的技巧及运用。

> **实训步骤**

一．认识波浪理论

1. 波浪理论的形成

波浪理论的全称是艾略特波浪理论（Elliott Wave Theory），是技术分析大师艾略特（R. E. Elliott）发明的一种价格趋势分析工具。艾略特认为，不管是股票还是商品价格的波动，都与大自然的潮汐、波浪一样，一浪跟着一浪，周而复始，具有相当程度的规律性，展现出周期循环的特点，任何波动均有迹可循。因此，投资者可以根据这些规律性的波动预测价格未来的走势，选择合适的买卖策略。波浪理论的形成经历了一个较为复杂的过程。最初是由艾略特首先发现并应用于证券市场，但是他的这些研究成果没有形成完整的体系，在艾略特在世的时候没有得到社会的广泛承认。

2. 波浪理论价格走势的基本形态结构

艾略特认为，证券市场应该遵循一定的周期，周而复始地向前发展。股价的上下波动也是按照某种规律进行的。通过多年的实践，艾略特发现，每一个周期（无论是上升还是下降）可以分成8个小过程，这8个小过程一结束，一次大的行动就结束了，紧接着的是另一次大的行动。波浪理论可以用一句话来概括，即"八浪循环"，如图 13-1 所示。

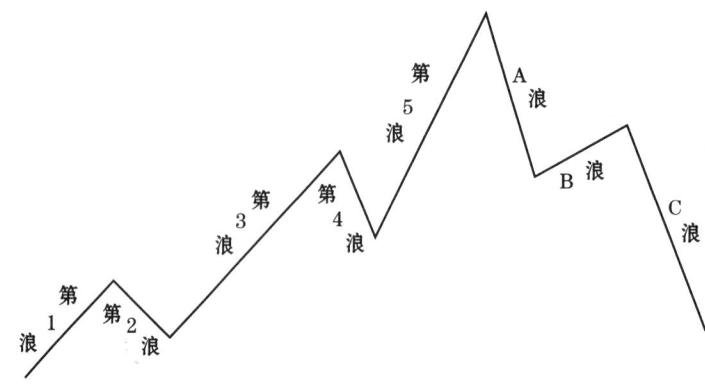

图 13-1　波浪理论的 8 个阶段

3. 波浪理论四个基本要点

（1）股价指数的上升和下跌会交替进行。

（2）推动浪和调整浪是价格波动的两个最基本形态，而推动浪（即与大市走向一致的波浪）可再分成 5 个小浪，一般用第 1 浪、第 2 浪、第 3 浪、第 4 浪、第 5 浪表示；调整浪也可分成 3 个小浪，通常用 A 浪、B 浪、C 浪表示。

（3）在上述 8 个波浪完毕之后，一个循环即告完成，走势将进入下一个八浪循环。

（4）时间的长短不会改变波浪的形态，因为市场仍会依照其基本形态发展。波浪可以拉长，也可以缩短，但其基本形态永恒不变。

二、数浪的基本规则

投资者应了解，艾略特的波浪理论主要包括三个部分：第一，波浪的形态；第二，浪与浪之间的比例关系；第三，浪间的时间间距。而这三者之间，波浪的形态最为重要。波浪的形态，是艾略特波浪理论的立论基础，所以，数浪级数的正确与否，对成功运用波浪理论把握投资时机至关重要。

（一）数浪的两大铁律

（1）第三浪（第三推动）永远不允许是第一浪至第五浪中最短的一个浪。在证券价格的实际走势中，通常第三浪是最具有爆发性的一浪，也经常会成为最长的一个浪。

（2）第四个浪的底部，不可以低于第一个浪的浪顶。

（二）数浪的另外两个原则

除了以上两个在数浪时的铁律外，还有两大原则，这两大原则并非牢不可破，它主要是帮助投资者更好地判别浪型，协助投资者正确数浪。

（1）交替原则。如果在整个浪形循环中，第二浪以简单的形态出现，则第四浪多数会以较为复杂的形态出现。第二浪和第四浪就性质而言，都属于逆流行走的调整浪，而调整浪的形态有许多种子类型。这条原则能较好地帮助投资者分析和推测市场价格的未来发展和变化，从而把握住买卖的时机。

（2）修正波纵深原则。证券市场在上升一段后进入调整期，尤其是当调整浪仍属于第四浪的时候，多数会在较低一级的第四浪内完成。通常情况下，会在接近终点附近完结。这条原则主要是为投资者提供调整的终结点，从而使投资者了解在临近终结时，应注意做多做空时的策略。

实训十四
顺势而为——趋势判断及操作

➤ **实训目的**

能画出趋势线，判断个股和大盘的趋势，据此判断后市走势。

➤ **实训内容**

1. 认识趋势，能画出趋势线。
2. 查找两市个股中，分别处于上升趋势和下跌趋势的个股。

➤ **实训步骤**

股票价格波动随着诸多因素的影响发生变化，其价格波动规律可用趋势分析来判断。"顺势而为"是一条重要股市操作原则，许多投资者往往只关注股价近期变化，而忽视趋势特征。如果个股趋势向上，则再来研究形态，择机买入。因此，技术分析首先要学会看趋势。

一、认识 K 线趋势

价格波动共三种趋势：（1）当价格从低价位向高价位波动，称为上升趋势，形成上升通道，上升趋势中价格短时下跌，称为回调。（2）当价格从高价位向低价位波动，称为下降趋势，形成下降通道，下降趋势中价格短时上涨，称为反弹。（3）当价格在某一价位横向波动，称为横盘整理趋势，也叫盘整，横盘整理中分宽幅震荡和窄幅盘整。

二、趋势线

趋势线的画法如下：

（1）在上升趋势中，连接两个不断上升的低点，称为上升趋势线。（如图 14-1）

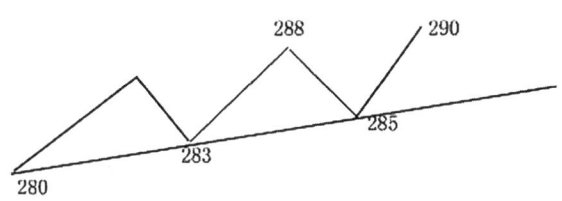

图 14-1　上升趋势

（2）在下降趋势中，连接两个不断下降的高点，称为下降趋势线。趋势线的有效线，必须有第三点作验证。（如图 14-2）

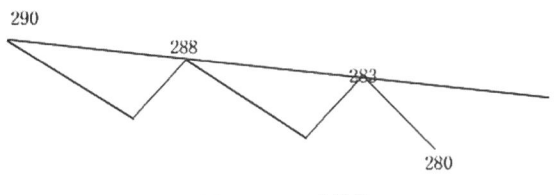

图 14-2　下降趋势

通道是证券市场里常见的形态，通道主要有上升通道、下降通道（如图 14-3）和平行通道（如图 14-4）三种。

对于上升趋势或通道，投资者的操作策略应是：

（1）在通道的下轨附近买进为主；（2）当股价跌破通道的下轨才可以考虑卖出。

对于下降趋势或通道，投资者的操作策略应是：

（1）在通道的上轨附近卖出为主；（2）当股价上升冲出通道的上轨才可以考虑买进。

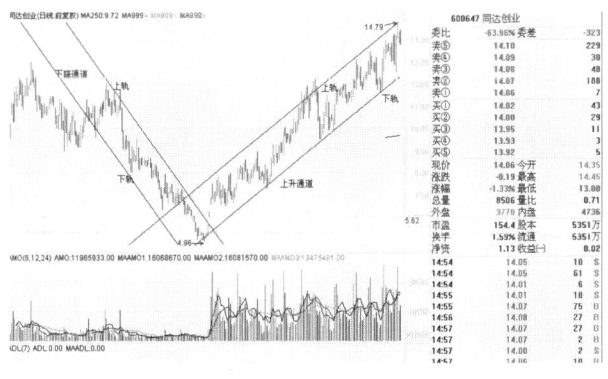

图 14-3　上升通道和下降通道示意图

对于平行通道，投资者的操作策略应是：

（1）在通道的上轨附近卖出，在通道的下轨附近买进；（2）当股价上升冲出通道的上轨可以考虑买进，当股价下降跌破通道的下轨要考虑卖出。

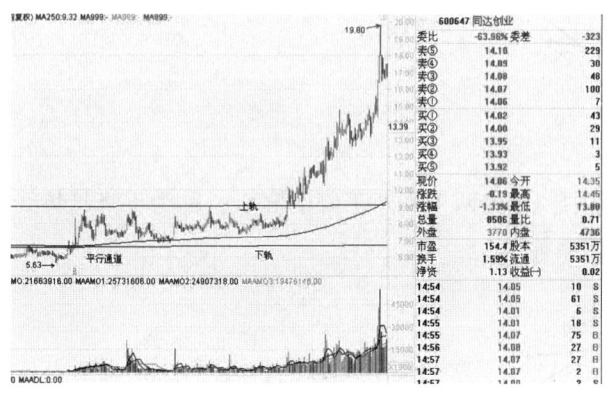

图14-4　平行通道示意图

实训十五
主要指标分析与运用

> **实训目的**

掌握主流的价格型、成交量型、大盘型、超买超卖型等几类指标的运用。

> **实训内容**

1. 比较三个指标的敏感性，选择某一个股作为例证。

2. 以某一个股为例，分析该股当前指标状态，并简要分析该股走势和操作方法。

> **指标及其应用技巧**

一、价格型指标及应用

1. MACD 指标

平滑异同移动平均线（MACD），是根据移动平均线较易掌握趋势变动的方向之优点所发展而来的，是最常用的一种技术分析指标。它使用了正负值（DIF）和异同平均值（DEA）这两个指标，另外还使用了红绿柱状指标，如图 15-1 所示。

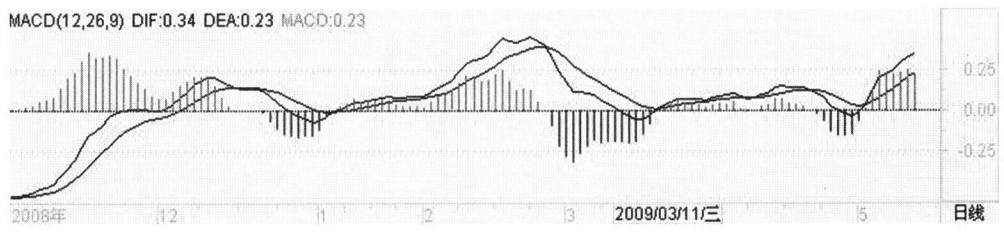

图 15-1　MACD 指标

> **操作要点**

（1）DIF 向上突破 DEA 为买进信号，但在 0 轴以下交叉时，仅适宜空头补仓。

（2）DIF 向下跌破 DEA 为卖出信号，但在 0 轴以上交叉时，则仅适宜多头平仓。

（3）DIF 与 DEA 在 0 轴线之上，市场趋向为多头市场。两者在 0 轴之下则为空头市场。

（4）价格处于上升的多头走势，当 DIF 慢慢远离 DEA，造成两线之间乖离加大，多头应分批获利了结，可行短空。

（5）价格线呈盘局走势时，会出现多次 DIF 与 DEA 交错，可不必理会，但需观察图形的乖离程度，一旦加大，可视为盘局的突破。

（6）寻找背离信号。当 DEA 线与 K 线趋势发生背离（如 DEA 线逐步走高，K 线趋势逐步走低是底背离；反之为顶背离）时则为反转信号。

（7）MACD 柱状由红变绿时往往指示该卖，反之往往为买入信号。

MACD 克服了移动平均线频繁产生的买入卖出信号，它的买入卖出信号较后者有更高的准确度。但是当市场处于无趋势行情即盘整时，MACD 所发出的买卖信号也易失真，此时更多的是借助 RSI 及 KD 指标。一般来说，MACD 捕捉中长期的买卖点比较有效。

2. KDJ 指标

KDJ 指标分析的理论依据是，当价格上涨时，收市价格倾向于接近当日价格区间的上端；反之，则倾向于下端。KDJ 采用两条图线——K% 和 D%，简称 KD 线。KDJ 综合了 MA、RSI 的一些优点，主要研究最高价、最低价与收市价的关系，以分析价格走势的强弱及超买和超卖现象。实际操作中，K 线与 D 线常常配合 J 线的指标使用（J=3K-2D），目的是求出 K 值和 D 值的乖离程度，从而领先 K 值、D 值找出头部和底部，如图 15-2 所示。

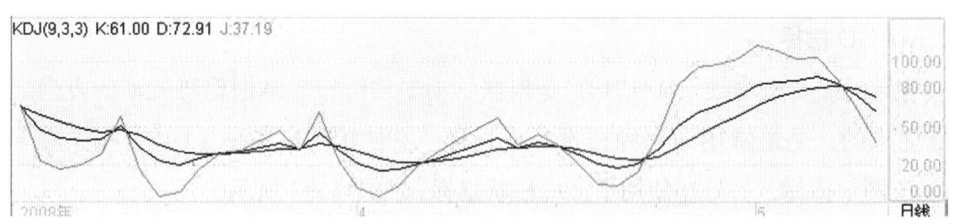

图 15-2　KDJ 指标

> **操作要点**

（1）超买区与超卖区的判断。K 值在 80 以上，D 值在 70 以上为超买的一般标准；K 值在 20 以下，D 值在 30 以下，为超卖的一般标准。

（2）K 线与 D 线交叉突破判断。当 K 值大于 D 值时，表明当前是一种向上涨升的趋势，因此 K 线从下向上突破 D 线时，是买进的信号；反之，当 D 值大于 K 值，表明当前的趋势向下跌落，因而 K 线从上向下跌破 D 线时，是卖出信号。K 线与 D 线的交叉突破，在 80 以上或 20 以下较为准确。这种交叉突破在 50 左右发生，走势又陷入盘局时，买卖信号应视为无效。

（3）线形状判断。当 K 线倾斜度趋于平缓时，是短期转势的警告信号，这种情况在大型热门股及指数中准确度较高；而在冷门股或小型股中准确度则较低。

（4）背离判断。当股价走势一峰比一峰高时，而 K、D 的曲线一峰比一峰低，或股价走势一底比一底低时，K、D 曲线一底比一底高，这种现象被称为背离（典型背离区域需重点注意 D 线）。此刻一般为重要的转势参考信号。

3. RSI 指标

RSI 是通过比较基期内收盘价的平均涨幅和平均跌幅来分析买卖双方的相对力量，从而判断证券价格的走势，是目前应用最广泛的技术分析工具之一（如图 15-3）。其计算方法为：

$$RSI = \frac{上升平均数}{上升平均数 + 下降平均数} *100$$

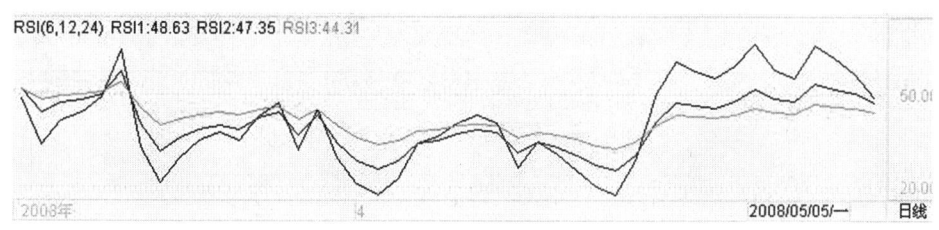

图 15-3　RSI 指标

> **操作要点**

（1）RSI 总是在 0 与 100 之间变动。当 RSI 大于 50 时，为强势市场；而 RSI 低于 50 时，则为弱势市场。

（2）RSI 一般在 70 与 30 之间波动。当 6 日的 RSI 大于 80 时，存在超买现象；如 RSI 继续上升超过 90 以上，则表示严重超买，极可能在短期内出现下跌。当 RSI 下降到 20 时，表示存在超卖现象；如继续下降低于 10，则已到严重超卖区域，证券价格可能止跌回升。

（3）对于超买超卖判断，还与市场的特点有关。如对于牛市，RSI 取值可适当提高。

（4）当 RSI 出现超买超卖现象，表示走势有可能反转，但不构成真正的入市信号。有时行情变化过于迅速，RSI 会很快进入超卖区域。如在牛市初期，RSI 往往很快进入超卖区域并滞留相当长一段时间，但这并不是卖出信号，反而表示价格还有继续上升的空间，是买入的好时机。只有在牛市末期或熊市，超买才是较可靠的卖出信号。基于此，一般不宜在 RSI 一进入非正常区域就采取买卖行动，最好是价格本身也发出转向信号时再入市。价格转向信号应具备几个条件：趋势线的突破、移动平均线的突破、某种反转价格形态的完成、价格出现背驰。

（5）当 RSI 上升而证券价格反而下跌，或 RSI 下降而证券价格反而上升，称为价格出现背离。前者为底背离，可逢低买进；后者为顶背离，可逢高卖出。

二、成交量型指标及应用

1. OBV 指标

OBV 的英文全称是 On Balance Volume，是由美国的投资分析家 Joe Granville 所创。该指标通过统计成交量变动的趋势来推测股价趋势。OBV 以 "N" 字形为波动单位，并且由许许多多 "N" 形波构成了 OBV 的曲线图，对一浪高于一浪的 "N" 形波，称其为 "上升潮"，至于上升潮中的下跌回落则称为 "跌潮"。（如图 15-4）

能量潮是将成交量数量化，制成趋势线，配合股价趋势线，从价格的变动及成交量的增减关系，推测市场气氛。其主要理论基础是市场价格的变化必须有成交量的配合，股价的波动与成交量的扩大或萎缩有密切的关联。通常股价上升所需的成交量总是较大；下跌时，则成交量可能放大，也可能较小。价格升降而成交量不相应升降，则市场价格的变动难以为继。

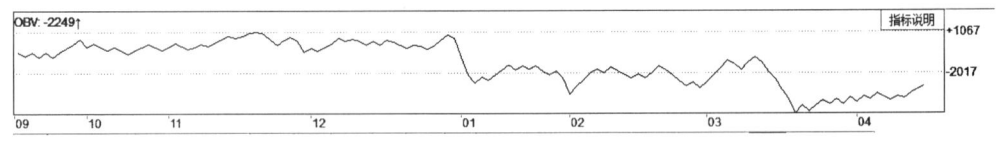

图 15-4　OBV 指标

OBV 指标应用法则：

（1）股价上升而 OBV 线下降，表示买盘无力，股价可能会回跌。

（2）股价下降而 OBV 线上升，表示买盘旺盛，逢低接手强，股价可能会止跌回升。

（3）OBV 线缓慢上升，表示买入逐渐加强，为买进信号。

（4）OBV 线急速上升时，表示力量将用尽，为卖出信号。

（5）OBV 线从正的累积数转为负数时，为下跌趋势，应该卖出持有股票。反之，OBV 线从负的累积数转为正数时，应该买进股票。

（6）OBV 线最大的用处，在于观察股市盘局整理后，何时会脱离盘局以及突破后的未来走势，OBV 线变动方向是重要参考指数，其具体的数值并无实际意义。

（7）OBV 线对双重顶第二个高峰的确定有较为标准的显示，当股价自双重顶第一个高峰下跌又再次回升时，如果 OBV 线能够随股价趋势同步上升且价量配合，则可持续多头市场并出现更高峰。相反，当股价再次回升时 OBV 线未能同步配合，却见下降，则可能形成第二个顶峰，完成双重顶的形态，导致股价反转下跌。

2. VR 指标

成交量变异率（VR）是成交量的强弱指标，主要的作用在于从成交量的角度测量股价的热度，而不同于 AR 指标、BR 指标、CR 指标的价格角度，但是却同样基于"反市场操作"的原理为出发点。运用在过热市场及低迷盘局中，对辨别头部及底部的形成有很重要的作用。VR 指标能够表现股市买卖的气势，进而掌握股价的趋向。（如图 15-5）

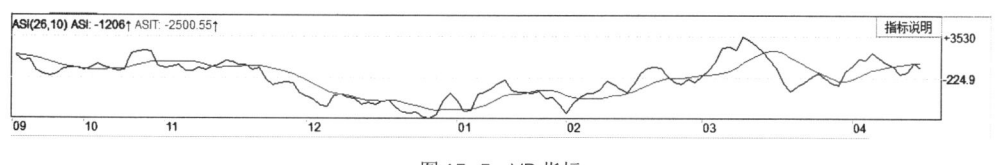

图 15-5　VR 指标

VR 指标应用法则：

VR 指标分为四个部分：低价区域（40 ～ 70）、安全区域（80 ～ 150）、获利区域（160 ～ 350）和警戒区域（350 以上）。

VR ＜ 40，市场易形成底部，应积极买入；VR 指标在"低价区域"时，可考虑跟进；在"安全区域"时，股价波动小，可以持有。

VR 指标在"获利区域"时，由于市场大部分资金已经进场，后续资金乏力，如果 VR 值增加，可考虑卖出；在"警戒区域"时应有高度危机意识，随时注意控制风险；当 VR ＞ 450，市场交易过热，应卖出。

VR 指标分布在 150 左右最多。如果 VR 指标长期在 150 附近盘整，一旦越过 250 时，市场极易产生一段多头行情；如果 VR 指标由低档直接上升至 250，股价仍未遭受阻力，投资者需积极选股买进。

当成交量极度萎缩后放大，而 VR 指标也从低价区向上递增时，是买进时机。一般来说，VR 指标在低价区的买入信号可信度较高，而观察高价区时应与其他指标结合使用。

VR 指标适合与 AR、BR、CR、MASS、PSY 指标配合使用。

相较而言，由于大盘股不易被人为操控，因此用 VR 指标进行判研比较合适。

3. 大盘指标 ADR

ADR 指标又叫涨跌比率指标，是专门研究股票指数走势的中长期技术分析工具，不适用于个股走势的研判。（如图 15-6）

涨跌比率 ADR 指标是将一定时期内上市交易的全部股票中的上涨家数和下跌家数进行比较，得出上涨和下跌之间的比值并推断市场上多空力量之间的变化，进而判断市场上的实际情况。

股票市场是多空双方争斗的战场，这种争斗在一定程度上是自发的，带有较多的自由性和盲目性，其表现为股市上超买超卖的情况比较严重，有时候投资者盲目地追涨会造成股市超买，有时候又会盲目地杀跌造成股市超卖。ADR 指标就是从一个侧面反映整个股票市场是否处于涨跌过度、超买超卖现象严重的情况，从而进行比较理性的投资操作。

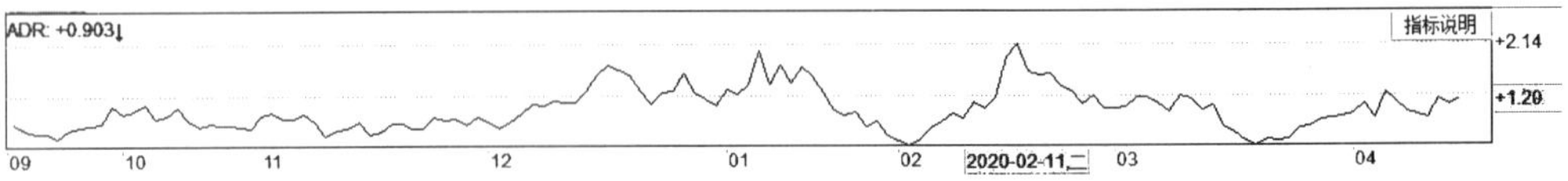

图 15-6　ADR 指标

ADR 指标应用法则：

（1）当 ADR 数值小于 0.5 时，表示大势经过长期下跌，已经出现超卖现象，很多股票价格可能会止跌企稳并出现一轮反弹行情，投资者可以短线少量买入超跌股做反弹。

（2）当 ADR 数值大于 1.5 时，表示大势经过长期上涨，已经出现超买现象，很多股票价格可能已经上涨过度，将会出现一轮幅度比较大的下跌行情，投资者应以及时卖出股票或持币观望为主。

（3）当 ADR 数值在 0.5— 1.5 之间时，表示大势基本处于整理行情之中，没有出现特殊的超买和超卖现象，这时投资者更重要的在于研判个股行情。

（4）当 ADR 数值在 0.3 以下时，表示大势处在大空头市场的末期，市场上出现了严重的超卖现象，很多股票的价格已经跌无可跌，此时，投资者可以分批逢低吸纳股票，作中长线的建仓投资。

（5）当 ADR 数值在 2.0 以上时，表示大势处在大多头市场的末期，市场上出现了严重的超买现象，很多股票的价格已经涨幅过大，将面临一轮比较大的下跌行情，此时，投资者应及时卖出持有的股票。

实训十六

模拟炒股及技巧

> **实训目的**

运用已有的模拟账户进行模拟交易；掌握股票交易一定的策略与时机，并应用于模拟交易。

> **实训内容**

1. 熟悉主要的投资策略和技巧。
2. 运用股票投资的策略与技巧，在交易中加以应用。

> **知识链接**

股票投资包括模拟投资均讲究具体的投资策略与技巧，这块内容掌握得好，则在交易过程中会取得较好的收益。

（一）看盘之时间

时间是影响股价走势的一个重要因素，多空双方搏杀有几个关键时段，包括开盘、盘中和尾盘。一般而言，开盘大致可以定性。高开则人气较旺，市场走势向好；若高开过多易造成过重的获利回吐压力，高开不多则表明人气一般。如果低开，表明获利回吐或亏损割肉者心切，市场走势有转坏可能。如在底部突然较大幅度高开，常是多空力量发生根本逆转的进货建仓良机；若在大势已涨多时发生大幅跳空是多方力量最后喷发的出货机会。在底部的大幅低开常是空头最后一击的见底机会，在顶部低开证明后市看弱，而在上升或下降中途的高开或低开意味着继续原有的趋势。而盘中的走势也往往需要结合该证券所处的位置加以判断。至于尾盘，也经常成为多空双方必争的时点。若在下跌过程中尾盘出现反弹后又调头向下，尾盘将可能杀伤力极大。在具体操作上，发现当日尾盘将走淡应积极沽售，以避次日低开；发现尾市向好则可适量持仓以迎次日高开。

（二）看盘之空间

指数或股价的走势空间有多大，可以看其阻力位及支撑位。一般阻力位大多在前期高点、反压线、价格均线和股价整数位等区域；而支撑位则大多在前期低点、支撑线、价格均线和股价整数位等区域。

（三）看盘之动量

交易实质上是以成交量为基础的，因此价格走势和动量有很大关系。

（1）价涨量增与价涨量减。在突破一些重要的阻力位时，往往需要成交量的配合。只有量增，这种突破才是真实可靠的（高度控盘的情形除外）。但突破后量能不宜太大，否则主力有出货嫌疑。

（2）价跌量增。在上涨末期或下跌初期及中途出现价跌量增，是主动性抛盘增加的缘故，此时止跌的可能较小。而在下跌末期出现价跌量增，意味着在主动性沽盘外还出现恐慌性的抛盘，是见底的征兆，也表明下挡支撑较强。

（3）价跌量减并不一定都是一件好事。如果大市即将见底，市场则人人惜售下跌无量，是"地量见地价"。但如在顶部出现价跌量减，证明市场观望气氛浓厚。

（4）对敲放量。某些冷门个股突然莫名地放大量，即为大主力机构进行对敲，其意在造成该股活跃假象，达到引诱散户抢盘趁机派发的目的，见此情形应果断出货。若在低位对敲放量，则是机构换庄或准备拉高做行情，此时可择机跟进。

（四）看盘之选股

中短期选股要求被选股票（或股票组合）能够在相对较短的一段时期内具有较高的涨幅预期，故中短线选股必须重势，追求投机性价差收益。若是长线选股，则要注重股票质地和追求稳健的投资收益。中短线选股的基本原则如下：

（1）积极参与市场热点。防止消极等待，提高资金利用率。

（2）抓住龙头股。在某一热点板块走强过程中，龙头股的同比涨幅是最可观的。

（3）挖掘上市公司公告中的机会。投资者可从发布的年报、中报和不定期公告中发现对个股价格有重大影响的信息。但应结合股票最近一段时期的走势分析再决定是否买卖，不少个股的股价已经提前反映了公开利好信息。

（4）利用各种技术分析工具以帮助优化买卖时机。技术分析可以防范基本资料造假等陷阱，如组合移动平均线的运用、资金流向及成交量分析、形态理论运用等分析方法，对选股很有帮助。

（5）识别品种大致阶段。选股，还应认识大资金的真面目，找寻规律。大资金介入品种的操作一般分为准备、吸货、洗盘、拉升和出货五个阶段，注意别在洗盘结束即将大幅拉升时卖出，也要注意别在大资金出货时买进。当然，对五个阶段的判断需要一定时日的操作技巧的积累。

（五）看盘之买卖时机的选择

确定了证券品种后，最重要的问题就是选择买卖的有利时机。理想的状态应选择证券价格被低估时买进，而在证券价格被高估时卖出，使投资组合始终处在有利的一面。

1. 确定证券买卖时机的方法

（1）目标价格法。常用之法是确定各种股票的目标价格，投资者先根据自己对各种证券内在价值的估计确定买进（卖出）的目标价格，当证券价格跌到（上升）这个事先确定的价格水平时就买进（卖出）该证券。此法主要用于证券价格随供求关系围绕证券价值上下波动时，要求投资者必须进行全面的基本分析，具有很大耐心等待市场供求关系变化，必须根据情况变化不断调整目标价格。

（2）分次购买法。即通过分次购买同一种证券来消除一次购买时价格过高的风险，该法主要是在进行长期投资时使用。主要方法有等额购买法和等股数购买法。前者可使投资者持有证券的平均成本低于市场的平均水平，后者在证券价格上升（下降）时需支付较多（较少）资金，购买证券的平均价格往往较高。

2. 买入时机和卖出时机的选择

（1）买入时机的选择。买入的时机，一看大势，二看价位，并关注支撑位和阻力位，而时机的选择可参考：①股市下跌处长期低潮而无大幅下跌之势，成交量突然增加，此为"做底"阶段，可逢低买进。②股市处于盘整阶段，可高抛低吸，赚取短线之利。③当利空消息频传，各种悲观论调出笼，经济前景极为暗淡时，可分批买入。④股价或股指的技术形态甚佳时，可配合成交量值向上突破之际积极购进，但要设定停损点。

（2）卖出时机的选择。①当某种证券不再符合投资者的投资目标时，就可卖出。②当市场股价上升到阻力位附近时，或者明显跌破支撑位时就卖出。③当预期某种证券不能再提供令人满意的收益率时，就卖出。④如果有更好的机会可供选择，可卖出手中的证券。

3. 根据市场属性与公司类型确定买卖时机

波浪理论说，股市就像大海，有浪峰，亦有波谷。中短期投资者只有根据股价与成交量的波浪起伏，才能决定买卖时机。通常股市萧条时，应该买进；股市过热时，应该卖出；股价上升初期应该大胆买进；股价上升量价同步时应该买进；量价背离时应该卖出；下跌中途反弹后应该卖出。

股市中存在不同类型的公司，其经营行为和业绩的变化，决定了买卖时机。对于发展缓慢型公司股票，投资者最好不去买这类股票，如果买了，就应择机抛出。稳健适中型公司股票，尽量少碰，如遇上主力做手炒作该股票且价格较低时，须快进快出。对于发展迅速型公司股票，积极买入而不轻易卖出。周期起伏型公司股票，应在萧条结束前买入并在下次萧条来临前卖出。对于可能复苏型公司股票，应选择在较低价位时买进。如果投资者判断错了应立即卖出。在它复苏且股票价格上涨数十倍后，如想用手中资金寻求另一家公司股票时可卖出。一旦发现资产隐蔽型公司股票，就应积极买入，只要它的资产价值不因债务而降低，持有这类股票总会有丰厚回报。

在实际操作中，虽然还很难做到在股价最高点卖出，在股价最低点买进，但只要我们运用科学的投资观，不断实践，总结经验，结合分析各种因素，就能在错综复杂的证券市场中，获得较好的投资收益。

► **实训要求**

1. 按实训内容进行具体模拟操作。

2. 掌握交易规则，逐步熟悉投资技巧。

3. 写出完整的实训报告。

主要参考文献

[1] 周峰，理财投资入门 . 北京：清华大学出版社，2018.

[2] 严天喜等，投资理财原理与实务 . 南京：南京大学出版社，2019.

[3] 王妍，证券投资分析 . 经济科学出版社，2019.

[4] 徐强，金融证券投资学实验教程 . 南京：东南大学出版社，2019.